空降兵心理风险管理研究

许 闯 著

郑州大学出版社

图书在版编目(CIP)数据

空降兵心理风险管理研究 / 许闯著. — 郑州 ：郑州大学出版社，2021. 1(2024.6 重印)

ISBN 978-7-5645-7525-0

Ⅰ. ①空… Ⅱ. ①许… Ⅲ. ①空降兵 - 特殊环境 - 关系 - 心理 - 风险管理 - 研究 Ⅳ. ①E154-05

中国版本图书馆 CIP 数据核字(2020)第 231422 号

空降兵心理风险管理研究

KONGJIANGBING XINLI FENGXIAN GUANLI YANJIU

策划编辑	部 毅	封面设计	苏永生
责任编辑	白金玉	版式设计	凌 青
责任校对	孙 泓	责任监制	李瑞卿

出版发行	郑州大学出版社	地 址	郑州市大学路 40 号(450052)
出 版 人	孙保营	网 址	http://www. zzup. cn
经 销	全国新华书店	发行电话	0371-66966070
印 刷	廊坊市印艺阁数字科技有限公司		
开 本	710 mm×1 010 mm 1 / 16		
印 张	11.5	字 数	202 千字
版 次	2021 年 1 月第 1 版	印 次	2024 年 6 月第 2 次印刷

书 号	ISBN 978-7-5645-7525-0	定 价	68.00 元

谨以此书献给一代又一代不懈奋斗的空降兵

前言

空降兵心理风险是指由于空降兵部队个体或集体心理因素造成部队战斗力下降发生的可能性。心理风险管理就是组织或个人采取有效措施以降低心理风险消极后果的决策过程。提前发现空降兵的心理风险，查明危机发生的征兆并发出警报，有效进行心理风险控制，这就是空降兵心理风险管理的具体过程。空降兵作为“动在空中、打在地面”的精锐力量，其军事活动具有很高的风险性，对官兵的心理承受力有着极高的要求。心理因素作为影响安全发展的重要风险因素受到越来越大的重视。心理素质已成为军队战斗力的基本构成要素。因此，研究空降兵的心理风险管理问题具有重要的理论意义和实践意义。

本研究是一项关于空降兵心理风险管理问题的质化研究。笔者深入到空降兵部队，以基层一线的官兵为研究对象，结合其遂行的作战任务，开展心理风险管理的访谈调查研究。笔者分别与40名空降兵部队官兵围绕空降兵心理风险主题进行了半结构式访谈，收集到共计34.8万字的访谈文本资料，然后对文本资料进行质化分析。本研究认为：

1. 空降兵心理风险会经历“心理风险状态→心理风险行为→心理风险事件→心理风险事故”4个阶段的演变过程，其影响会产生蝴蝶效应、全程效应和弥散效应。

2. 空降兵心理风险的影响因子是多维度的，具体包括：工作动机、情绪状态、个性特征、心理压力、人际关系、创伤性经历、团队氛围、领导力、风气等9个风险因子；情绪调节能力、自我效能、心理激励、职业荣誉感、社会支持系统、心理柔性等6个保护因子；管理风格、带兵模式、训练强度、印象管理水平、家庭经济条件等5个双向因子。

3. 心理柔性作为空降兵心理风险的重要保护因子，是空降兵部队官兵身上所具有的一种特质，具体是指个体面对环境的变化时，既保持核心自我又进行合适的自我调整,从而与外界保持和谐的能力。

4. 空降兵心理风险管理主要有 3 级控制策略:初级控制策略包括心理健康维护、心理素质强健、心理状态恢复;二级控制策略包括心理危害控制、心理问题缓解、心理能量补给;三级控制策略包括心理危机拯救、人身安全保障、心理创伤修复。

5. 加强空降兵心理风险管理工作主要有 4 条路径:装上空降兵心理风险管理"信号灯"、拉起空降兵心理风险管理"警戒线"、挂牢空降兵心理风险管理"安全绳"、建好空降兵心理风险管理"着陆场"。

从研究理念上看,本研究从心理风险的角度切入,突破了心理危机研究的事后应对模式,尝试确立和实践预防性的工作目标和研究思路,把心理工作端口前移,对空降兵部队的心理服务工作具有促进作用。从研究方法看,本研究突破心理学研究重量化轻质化的思维限制,采用事件访谈与案例分析相结合的方法步骤,特别强调使用质化研究方法,让研究更注重科学化,也更贴合官兵生活实际。

本研究对于心理风险预警的研究略显薄弱,这一方面是因为采用了质化访谈的方法限制了对数量化信息的收集和推演,另一方面也反映了当前空降兵部队在这一领域的实践是极为欠缺的,这将为后续进一步研究这一主题提供了可能性,比如预警指标、预警标准的确立等。就空降兵心理风险管理的过程而言,如何建立起一套行之有效的应对预案和长效机制,空降兵心理专业人才如何进行选拔、培训、使用及专业成长,这些问题也需要深入研究和探讨。

目录

绪 论

习近平主席在十九大报告中强调指出:“树立安全发展理念,弘扬生命至上、安全第一的思想”“健全国家安全体系,加强国家安全法治保障,提高防范和抵御安全风险能力”①。在改革强军的背景下,部队同样需要安全发展。空降兵平时的实战化训练涉及“六实”(实弹、实爆、实投、实跳、实毒、实喷)作业,危险系数非常高;而在战时面对的敌情威胁大,战场环境可能是陌生地域且复杂多变,官兵心理压力特别大。而心理因素作为影响安全发展的重要风险因素受到越来越大的重视。提前发现心理风险,查明危机发生的征兆并发出警报,有效进行心理风险控制,这一过程就是心理风险管理。因此,对空降兵群体开展心理风险管理方面的研究具有重要意义。本研究尝试梳理空降兵心理风险管理研究的主要依据、价值分析和研究现状,并以此为基础,按照时间线原则对空降兵心理风险管理进行研究,以期为部队的心理服务工作实践提供对策建议。

一、选题依据

(一)理论依据

(1)关于战斗力标准的思想。习近平总书记在2013年3月全国人大解放军代表团全体会议上强调:“要扭住能打仗、打胜仗这个强军之要,强化官兵当兵打仗、带兵打仗、练兵打仗思想,牢固树立战斗力这个唯一的根本的

---

① 习近平.决胜全面建成小康社会 夺取新时代中国特色社会主义伟大胜利——在中国共产党第十九次全国代表大会的报告[M].北京:人民出版社,2017:49.

标准，按照打仗的要求搞建设、抓准备，确保部队招之即来、来之能战、战之能胜①。”军队建设要牢固树立战斗力标准，坚持把提高战斗力作为军队建设的立足点和落脚点。

(2)关于安全发展的理念。习主席强调：“各级党委和政府、各级领导干部要牢固树立安全发展理念，始终把人民群众生命安全放在第一位，牢牢树立发展不能以牺牲人的生命为代价这个观念。这个观念一定要非常明确、非常强烈、非常坚定②。”习主席用“三个非常”突出强调了树立安全发展理念的极端重要性。对空降兵部队来讲，牢固树立安全发展理念，就要求必须始终把官兵的生命安全放在第一位。

(3)关于风险管理的理论。美国学者威廉姆斯(C. A. Williams Jr.)和汉斯(R. M. Heins)在其著作《风险管理与保险》(1964)中指出：“风险管理是通过对风险的识别、衡量和控制，以最低的成本使风险所致的各种损失降到最低限度的管理方法。”风险管理包括风险识别、风险评估和风险应对等环节。我国在2009年先后发布国家标准GB/T23694—2009《风险管理术语》和GB/T24353—2009《风险管理 原则与实施指南》，人力资源和社会保障部从2010年9月开始颁发国家级“风险评估职业”培训证书。

(4)关于安全心理学的理论。安全心理学研究安全活动中的人的心理活动规律和特征，研究安全活动中意外事故发生的心理规律，并为防止事故发生提供科学依据的工业心理学领域。安全心理学作为一门交叉学科，其主要研究内容包括：生产过程中人的心理特点，个体心理过程与安全的关系，人—机—环境对人的心理的影响，人的失误模式在安全工作中的应用，事故发生之后心理干预的作用，安全管理的策略和预防事故的措施等。

(5)关于战时心理防护的理论。战时心理防护，是指在作战行动中为有效防止官兵心理问题、维护官兵心理健康，提高官兵作战心理素质所进行的一系列心理服务活动，是提高部队官兵反心战能力、保持和巩固部队战斗力的重要途径。《关于加强新形势下军队心理服务工作的意见》(2009)明确了“强化战时心理防护”是我军心理服务工作的主要任务和内容。

---

① 牢牢把握党在新形势下的强军目标 努力建设一支听党指挥能打胜仗作风优良的人民军队[N]. 解放军报，2013-03-12(1).

② 中共中央文献研究室. 习近平关于协调推进“四个全面”战略布局论述摘编[G]. 北京：中央文献出版社，2015：34.

(6)关于心理危机干预的理论。心理危机是指个体面对的困难情境超过了其惯常的能力支持时,个体产生心理困扰,呈现暂时性心理失衡状态。心理危机干预的目的在于及时有效地对处于困境或遭受挫折和即将发生危险的当事人提供支持和帮助,使其心理恢复平衡状态。心理危机的干预模式主要有 ARC 模式(红十字会危机干预模式)、CISD 模式(紧急事件应激晤谈模式)、贝尔金等提出的平衡模式、认知模式和心理转变模式等。结合当前部队出现的心理危机事件,可采取个别干预、团体干预、重点监控等多种形式实施干预。

(7)关于军事心理应激的理论。应激是机体对外界刺激做出的反应,是人与环境之间的特殊关系。当环境被评价为超出了个体的资源范围,并对其健康产生威胁时,应激产生。保持一定程度的应激水平对工作是有益的。但是,如果应激强度过大、时间过长,则会使个体产生感知和思维障碍,表现为精神萎靡、忧郁、反应迟钝,甚至丧失语言和行为反应能力;有的表现为恐惧、狂躁不安,产生冲动性行为或逃避行为。这种应激反应会对训练作战能力产生极其不利的影响。

(二)实践依据

赫勒(H. Heller)检查法则认为:“当人们知道自己的工作成绩有人检查的时候,就会加倍努力。”同样地,人们有没有风险意识,思想上有没有警觉性,事情的结果可能会大不一样。风险管理的过程,实际上就是不断强化风险意识的过程,这种风险意识是建立在科学的基础之上的。美军明确要求,领导的责任就在于培养个人形成战胜风险的习惯,教育他们以多种方式管理生活中的风险,以保护他们不受威胁。这种认识和做法具有很强的科学性,值得我军借鉴。心理素质是战斗力,心理服务出战斗力。甚至可以说,心理因素已经成为战争制胜的重要方面。空降兵作为中央军委直接掌握的战略拳头,具有快速反应、快速机动、快速部署等战力优长,这要求空降兵必须有过硬的心理素质和对风险的科学认识。事实上,笔者所在的部队已经进行了很多有益的尝试,自 2013 年就开始针对跳伞学员开展心理训练,有效降低了跳伞风险,同时与跳伞训练相配合,提高训练的质量和效益。传统的跳伞训练以“体—技”训练模式为主,训练长期偏重个人体能与跳伞动作以及特情处置能力,心理因素没有受到应有的重视。这种训练理念一定程度上妨碍了训练效益的进一步提升,也危及到了跳伞训练和实际跳伞的安全。

为突破瓶颈，笔者所在团队把心理训练嵌入到跳伞训练之中，在跳伞训练的三个阶段分别设置不同的心理训练科目，形成“体—技—心”三位一体的训练模式，促进了跳伞员心理素质与体能、技能的同步提升，为建立部队跳伞训练规范进行了有益的实践探索，对实际跳伞的安全有所助益。从学员反馈的情况看，效果很好，并且他们已经把这些经验带到部队进一步实践，对改进部队跳伞训练起到了潜移默化的作用，对于跳伞心理风险管理是有切实帮助的。因此，研究空降兵的心理风险管理问题是任务之牵引、现实之需要。

二、研究意义与创新点

（一）理论意义

对军人来说，心理风险因素是指造成部队战斗力下降可能性增加的军人个体或集体的心理因素，它将会破坏部队安全发展，并削弱部队战斗力。提前发现空降兵的心理风险，查明危险发生的征兆是有效进行心理风险管理的前提。例如，如果能够知道什么情况下或者什么样类型的官兵容易出现战斗应激反应，那么我们就能更好地做好预防、警报和处置。心理风险管理是要在偶然性中发现必然性，在必然性中预测偶然性，把握危机事件发生的规律性，以便提前做出反应，从而有效规避风险或提前化解危机。当前，围绕空降兵心理风险管理展开研究具有巨大的理论价值：一是拓展了对心理风险的影响因子的认识，在风险因子、保护因子之外提出了双向因子的概念；二是从心理风险的角度确证了心理素质对部队战斗力的贡献；三是扩展了风险管理的理论内涵，心理风险管理应该是风险管理的重要组成部分；四是提出了心理风险管理的理论模型，认为心理风险管理是包含心理风险因子、心理风险识别、心理风险预警、心理风险控制以及信息反馈等的一个体系。

（二）实践意义

习主席指出：“坚持从实战需要出发，从难从严训练部队，做到仗怎么打兵就怎么练，打仗需要什么就苦练什么，部队最缺什么就专攻精练什么。”①

① 中共中央宣传部. 习近平总书记系列重要讲话读本（2016 版）[M]. 北京：学习出版社，2016：254.

当前部队实战化训练进行得如火如荼,军事训练直接面向战场,官兵的心理因素成为部队战斗力生成的重要影响因素。空降兵是一支在战火中诞生、在战火中洗礼的部队,具有英勇顽强的战斗品格。从现实情况看,空降兵部队官兵的心理风险的因素多且影响直接。本研究深入空降兵部队,以基层一线的空降兵为研究对象,结合其遂行的作战任务,突出兵种特色,加强心理风险的管理研究。根据空降兵的特点,建立一个有效的心理风险管理工作机制,对防范空降兵心理危机的发生以及推动部队的安全健康发展有重要作用,有利于提升部队战斗力,因而具有重大的现实意义和价值。以往的思想分析都以经验总结为主,往往缺乏系统化分析,本研究以空降兵心理风险管理为主题,注重使用质化研究的方法,突出研究的科学化水平。心理风险的科学管理是将工作端口前移,有助于从源头预防,从而得出更具现实性的结论和更具指导性的建议。

(三)研究创新点

(1)构建了心理风险管理的理论模型。风险是事故损失的先兆,进行风险管理研究契合"未雨绸缪""防患未然"的思想,更能突出预想预防的工作理念。从事件发生的时间线来说,心理风险是比心理危机、心理疾病更为早期、更具预见性的概念。从研究实效看,心理风险管理研究将按照超前性理念,把工作重点放在预防上,进而为部队实践提供更有效的指导意见和更科学的工作方法。因此,本研究从心理风险的角度切入,把心理工作端口前移,突出心理风险管理的超前性,可以突破心理危机研究的事后应对模式,尝试确立实践预防性的工作目标和研究思路,这必然会对部队战斗力的提升大有裨益。确立空降兵心理风险管理的目标指向是要保护和提高部队战斗力,这突出强调了做好心理风险管理工作对战斗力的贡献。本研究从心理风险的发生机理、风险因子识别与风险预警、风险控制等方面建构了心理风险管理的理论模型。笔者认为,就发展过程而言,空降兵心理风险管理是一个包含确立和识别影响因子、发出预警信号、做出分级控制以及进行信息反馈的步步推进、环环相扣的体系。因此,本研究构建了一个包含因子系统、预警系统和控制系统以及反馈系统的环形闭合的空降兵心理风险管理模型。

(2)基于质化研究提出了空降兵心理风险的分级控制理论。从研究方法看,本研究突破心理学研究重量化轻质化的思维限制,采用事件访谈与案例分析相结合的方法步骤，特别强调使用质化研究①方法，让研究更注重科学化。在研究中笔者深入到空降兵部队，以基层一线的空降兵部队官兵为研究对象进行半结构式的访谈，把空降兵部队官兵的所思所感所想作为故事脚本进行研究，重视个人的真实经历和经验，并结合其遂行的作战任务，加强心理风险管理研究。本研究基于理论分析和访谈调查情况提出，空降兵心理风险管理是防控一体的系统，空降兵心理风险的控制包括（事前、事中、事后）三级控制方法，主要是未雨绸缪式的预防（初级控制）、大禹治水式的疏通（二级控制）和亡羊补牢式的救治（三级控制）。

（3）发现了空降兵部队官兵身上具有心理柔性的特质。在与空降兵部队官兵的访谈中，笔者发现他们身上有两种特性令人印象深刻：一是不管条件如何艰苦，总能保持积极乐观的心态与环境相协调适应，二是在军事活动中即使出现受伤等困难情况也总是归因于运气，并乐观地面对。在心理学领域有心理弹性的概念，指的是个体在面临压力或困境时恢复原有状态的能力，它强调在重大压力下依旧能够复原成心理健康状态的能力。而空降兵部队官兵身上所表现出的特质显然不是复原力，而是像水一样，不管环境

① 质化研究是与量化研究相对的概念，它是指运用历史回顾、文献分析、访问、观察、参与经验等方法获得研究资料，并用非量化的方法，主要是个人的经验，对资料进行分析，以获得研究结论的方法。质化研究来源于社会学的田野调查和文献资料法，一般认为，最早出现于20世纪90年代。2003年，美国心理学会专门出版了《心理学中的质化研究：方法论与设计方面的拓展研究》，以推广质化研究方法。最近20年由于一系列关于量化-质化的讨论，质化研究已经成为心理学领域一种新的研究范式，被誉为一场“革命”或“范式变迁”。量化研究以实证主义为哲学基础，而质化研究则更多建筑在现象学、释义学、建构主义等的基础之上。质化研究分为5个系列的研究主题：现象心理学、扎根理论、话语分析、叙事心理学和直觉探究。（详见：麻彦坤.心理学研究中的质化运动[J].华东师范大学学报（教育科学版），2015，33（2）：65-69.）质化研究通常采用“目的性抽样”的方法，即按照研究的目的抽取能够为研究问题提供最大信息量的研究对象。由于质化研究注重对研究对象获得比较深入细致的解释性理解，因此研究对象的数量一般都比较小（详见：陈向明.质的研究方法与社会科学研究[M].北京：教育科学出版社，2000.）。通常来说，量化研究适合大样本研究，而质化研究则更适用于小样本或个案的研究。

如何变化,他们总是能够以一种放低自我姿态的方式来融入环境、与环境保持和谐。《道德经》云:“水至柔而至刚,水善利万物而不争。”于是笔者认为,柔性的概念可以引入到心理学领域,就像弹性的概念引入心理学领域一样,可从能力角度重新建构心理柔性概念。心理柔性是指个体面对环境的变化时,既保持核心自我又进行合适的自我调整,从而与外界保持和谐的能力。心理柔性可表现为两种方式:一是与外界环境变化相适应,二是与自我内心变化相平衡。

三、基本概念

(一)空降兵

空降兵,又称为伞兵,主要是以空降到战场为作战方式,其特点是装备轻型化、高度机动化、兵员精锐化。我军的第一支伞兵部队成立于1950年。如今,空降兵作为一支多兵种合成、快速反应、远程直达、重装突击的空中战略打击力量正悄然崛起。

有人说,空降兵的生命只能用秒来计算。因为空降兵跳伞从空中到落地只有两三分钟时间,稍有差池就会有生命危险。空降兵部队要求“上至将军,下至伙夫”人人都会跳伞,而跳伞对人的心理有着极大的考验,于是才有了“胆小鬼当不了空降兵”的说法,因为这是勇敢者的事业。空降兵常常要面临生与死的考验,要求他们必须具备极高的心理承受能力和自我调整能力。可以说,心理素质是衡量空降兵战斗力的一个重要准绳。

(二)心理风险

风险,是指在不确定状态下,不利或危险事件发生的可能性。心理风险是指由于心理因素导致的危险事件发生机会增加或损失程度增大的可能性。军人心理风险是指由于军人个体或集体心理因素造成部队战斗力下降发生的可能性,空降兵心理风险也是如此。

大量研究表明,有很多危险和事故的发生是由心理风险因素导致的。例如,国际海事组织(IMO)事故调查发现,超过80%的海上事故是人为因素引起的,其中不良的船员心理因素占的比例最大。里森(J. Reason)对各种事故原因的统计分析发现,各行业的人因事故占事故总数的比例在68%~

92.4%之间①。对军队实弹投掷中事故发生原因的分析表明,有85%的事故是心理素质导致的。就空降兵群体而言,在伞降训练伤发生原因的分析中,心理因素占首位②。汪振喜、陆井和邓定安等人调查认为:“造成跳伞训练伤的原因除体力、技能、方法、风力、风向、伞型及着地状态等因素外,更多的是跳伞前及空中停留时心理因素与应急能力失衡造成的,而发生跳伞意外事故更是与心理素质与应激反应能力密切相关③。”

目前,不少研究者强调和关注心理危机的主题,这是一种显性的事后应对模式;而心理风险的研究较少,这是一种隐性的事前预防模式。心理危机强调危机事件对心理的破坏性,而心理风险则强调导致心理产生危机的可能性。因而从预防的角度考虑,对空降兵心理的研究应该聚焦在防控一体的风险管理上。就事件发生的时间线而言,心理风险比心理危机更靠前,这既是安全理念上的突破,更是安全实践上的必然要求。

(三)心理风险管理

风险无处不在,但同时又可防可控,心理风险亦是如此。而心理风险可防可控,是因为我们可以总结以往经验,从偶然性中发现其发展的规律,查明和找出风险的一些具体征兆,提前进行警报和反应,从而避免更严重后果的发生。

风险管理一般是指组织或个人用以降低风险消极后果的决策过程。风险管理的对象是风险,基本目标是以最小的代价收获最大的安全保障。风险管理已经成为一个独立的管理体系,并且成为一门新兴的学科。当前,军队非常重视安全工作等方面的风险管理。以风险管理理论为基础,心理风险管理就是组织或个人采取有效措施,以降低心理风险消极后果的决策过程。更具体地说,心理风险管理,主要是运用心理学、管理学和社会学的理念和方法,针对人们社会活动中的心理问题和薄弱环节,认真查找在人与

---

① REASON J. Human error [M]. Cambridge: Cambridge University Press, 1990.

② 忍毅,王善雨,杨洪源.空降兵训练伤的调查[J].航空军医,1997,25(6):339-340.

③ 汪振喜,陆井,邓定安,等.加强空降兵心理素质训练的思考[J].航空军医,2010,38(4):168-169.

人、人与环境互动过程中可能发生的风险点,采取预防、监控和响应等措施,从而有效预防和避免出现心理问题、心理危机和事故案件以及控制损失进一步扩大的过程。心理风险管理主要包括心理风险识别、心理风险评估、心理风险报警、心理风险控制等过程。

因此,围绕危机的事前、事中和事后的心理风险管理大有可为。我们认为,空降兵心理风险管理的目标主要包括以下方面:一是甄别心理风险产生危害后果的可能性;二是预防和控制心理风险的危害逐级演变;三是拯救心理危机的个体,避免造成进一步的损失,并关怀目标群体,维持群体的安全与稳定;四是采取有效的应对措施,进行心理重建;五是反馈和总结经验,提升空降兵的综合心理素质和心理风险管理能力。

四、研究综述

在国防大学数字图书馆和中国知网查询可知,真正以“心理风险”为主题的研究寥寥无几。从现有资料看,关于心理风险的研究多从社会学角度来研究,关注的领域主要包括社会灾难、运动员参赛、营销与投保、青少年网络成瘾等,而关注军人乃至空降兵的甚少。军事领域内与心理风险相关的研究主题有心理危机干预、心理防护、军事应激、生命教育等,缺乏对心理风险的针对性研究和聚焦性研究。从时间维度来分析,心理风险管理工作应该是一个查找心理风险因素和确定心理风险指标、依据指标进行评估判断和发出心理风险预警信息,以及根据预警信息采取针对性的心理风险控制措施的过程。

(一)关于心理风险因子的研究

风险因子(因子,也叫因素)是指能够增加或引起风险事故发生频率和大小的因素。根据风险因素的性质,通常把风险因素分为三类:实质性风险因素、道德风险因素和心理风险因素①。导致战斗力下降的心理风险因子很多,且常常是多因素叠加的结果。欧洲工作安全和健康署(EU-OSHA)确定了12种心理社会风险:心理支持、组织文化、领导和期望、文明和尊重、任何情况下的心理适应、增长和发展、认可和奖励、沟通和影响、工作负载管理、参与和合作、工作和生活的平衡以及心理保护。叶宇新和李文成认为,空降

① 刘新立.风险管理[M].北京:北京大学出版社,2006:4-13.

作战对官兵心理的影响主要表现在三个方面:①战场环境险恶,产生恐慌心理;②伤亡增大,产生怯战情绪;③战场节奏快,产生疲劳反应[①]。

预测心理风险的因子,可以从心理风险源角度按照个体—集体、特质—情境两个维度来划分,具体可区分为个体特质性因子、个体情境性因子、集体特质性因子和集体情境性因子。

1. 个体特质性心理风险因子

(1)家族精神病史或自杀史。在直系亲属中有罹患精神性疾病、神经性疾病、大脑等神经系统疾病,那么个人出现此类疾病的风险会增加。杨军对空降兵新兵的研究发现,恐高症的影响因素有家族疾病史和个人摔伤史[②]。

(2)原生家庭不稳定。心理学研究早已证明,一个人的童年经历特别是原生家庭,对个人性格、行为、心理起着决定性的作用,并且会产生长期而又深远的影响。父母长期不和,经常发生感情冲突甚至最终离异,会使孩子情绪情感受到伤害,容易形成抑郁、焦虑、自卑、孤僻等消极心理特征。

(3)不良教养方式。家庭教养方式是家长在孩子的成长过程中所采取的方法和手段。"父母消极的教养方式与士兵的心理健康的各项目总均分存在显著的正相关[③]。"父亲严厉、惩罚、拒绝、否认、过度保护和母亲的过分干涉、过分保护、拒绝、否认、惩罚、严厉与子女的心理健康水平呈显著负相关。

(4)低社会支持。社会支持是指一个人通过社会联系所能获得的他人在精神上的支持,它是由家庭、亲戚、朋友、邻居、同事组成的网络提供。良好的社会支持能有效预防高危人群自杀的发生,而低社会支持的个体在面临心理应激事件时心理风险增加。

(5)个人高心理风险经历。个人有罹患精神疾病史或自杀未遂史。齐赫尔(S. Ziherl)和扎拉(B. Zalar)研究认为,有过自杀未遂史者较无自杀史

---

① 叶宇新,李文成.空降兵心理品质培养浅议[J].空军军事学术,2009(1):116.

② 杨军.空降兵部队恐高反应新兵心理行为特征的研究[D].西安:第四军医大学,2012.

③ 姜国瑞,汤家彦.部队士兵家庭教养方式与心理健康状况的关系[J].中国健康心理学杂志,2009,17(6):675-677.

者自杀死亡的危险性高约800倍①。

(6)身体缺陷与疾病。由于遗传或其他原因导致的身体缺陷或难以治愈的慢性疾病,个体在生理上的不足往往会引起心理失衡。

(7)问题行为史。过去的行为事件是未来行为的最好预测因子。个体在过去曾出现智力问题、认知失调、注意力障碍、意识障碍、适应不良、施虐或受虐行为、反社会行为等问题,心理风险会增加。

(8)低自我效能。自我效能(self-efficacy,也常被翻译为自我效能感)是指"个体对影响自己生活的事件,以及对自己的活动水平施加控制能力的信念"。这种自我的信念或信心不一定是自己实际能力的体现,而是自我预期的反映。低自我效能的个体会认为自己不能胜任工作,那么其工作积极性和效率将受到影响。

(9)消极应对方式。应对方式是一个人在面对挫折、压力、困境时所采用的认知和行为方式。对新兵的研究表明,"个体一般存在倾向性的、相对稳定的应对风格,应对方式与健康状况之间有着密切关系,消极的、非适应性的应对方式不利于身心健康②。"

(10)风险认知。风险认知是用来描述人们对风险的态度和直觉判断的一个概念。风险认知会直接影响人们诸如攻击行为、危险驾驶、严重犯罪行为等风险行为。一般来说,一种行为既可以导致有利的后果,也可以导致不利的后果,如果行为人做出不利后果不会发生的主观判断时,往往会带来不安全操作行为的风险。

(11)风险人格。人格是一个人在社会生活中形成的行为心理特征总和,是心理健康的基础。在先天遗传和后天的环境教育的影响下,有的人形成了危险的人格特质。研究发现,"攻击性、利他主义、焦虑、无规范感和寻

---

① ZIHERL S, ZALAR B. Risk of suicide after attempted suicide in the population of Slovenia from 1970 to 1996 [J]. European Psychiatry, 2006, 21 (6): 396-400.

② 甘景梨,高存友,赵亚楠,等.新兵心理应付方式及其影响因素的研究[J].健康心理学杂志,2002,10(6):419-420.

求刺激等人格特质通过驾驶安全态度间接地影响汽车驾驶员的冒险行为"①。国内外学者在研究基础上提出犯罪人格的学说,其中以反社会人格表现最为突出,当然还包括攻击型人格、冲动型人格、偏执型人格等。

(12)性格内向。调查表明,生活事件与疾病间的相关系数,外向性格者为0.33,内向性格者为0.64,内向与外向者相关系数间的差异极为显著,这说明在类似的生活事件侵扰下,性格内向的人比外向者更容易患病和产生不适感②。

2. 个体情境性心理风险因子

(1)负性生活事件。主要包括:①亲人朋友亡故。近三年内家庭成员或亲密朋友亡故的。②恋爱婚姻受挫。近一年内经历过失恋或者离婚的。③人际关系冲突。人际交往不顺利,与他人发生口角、激烈争执甚至肢体冲突。④遭受歧视误会。有研究显示被人歧视和误会是目前大学生影响自身心理状况的首要因素③。⑤个人目标受挫。在晋职晋衔、考学转岗、评功评奖、比武竞赛、复转病退中没有达成所愿,个人目标落空,在个人心理上蒙受打击、产生挫折,对自信心和心理造成不良影响。⑥家庭经济剧变。家庭条件突然由富有变为贫穷,甚至负有外债,深切感受到贫困。

(2)生活习惯改变。睡眠习惯变化,突然多睡、少睡或睡眠节律紊乱;饮食习惯变化,没有食欲或暴饮暴食等。

(3)身心症状。出现病态躯体性反应,该反应本身不是由生理原因导致的,而是心理问题反映出来的躯体症状,表现为失眠、头晕、食欲不振、胃部不适等。

(4)反常思维与行为。反常思维与行为是由于情境因素的刺激,引起心理的不平衡和生理不良反应所表现出的思维和行为。例如写遗书、无缘无故把贵重的东西送人都可能是自杀的前兆。

(5)情绪不稳定。情绪不稳定主要表现在对应激刺激做出的强烈反差

---

① ULLEBERG P, RUNDMO T. Personality, attitudes and risk perception as predictors of risky driving behaviour among young drivers [J]. Safety Science, 2003(41):427-443.

② 梁宝勇. 生活事件与疾病[J]. 医学与哲学,1987(2):54-56.

③ 田可新,苏磊,唐茂芹,等. 大学生对自身心理健康影响因素的认知和评估[J]. 山东精神医学,2005,18(3):133-135.

反应,个体的情绪变化大,例如喜怒无常。

(6)情绪障碍。在军营生活中,最常见的消极情绪主要有三种:抑郁、焦虑和恐惧[①]。

(7)工作倦怠。工作倦怠是一种情绪衰竭、人格解体、个人成就降低的综合征。工作倦怠同更高的旷工和离职率相关,损害工作绩效,带来恶劣的同事关系、家庭问题和糟糕的个人健康[②]。

3. 集体特质性心理风险因子

(1)政治工作缺位。政工干部不作为,思想政治教育形同虚设,人员思想动态不掌握、不清楚。

(2)部队风气不良。领导干部不清廉,作风差,上行下效,请客送礼之风盛行,流行小圈子文化。

(3)官兵关系不睦。官兵缺乏认同,官兵关系紧张、对立。

(4)高压管理。管理方式单一,没有灵活性,缺乏人文关怀。“军队等封闭独立的环境以及与自杀者有相似性是丛集性自杀发生的重要原因[③]。”

(5)领导力弱。领导力主要指领导者对被领导者的感召力和影响力,以及所属人员对指挥员的信心。缺乏领导力的部队就是乌合之众。外军大量的研究表明,领导力和凝聚力的崩溃是战斗应激反应发生的主要原因[④]。

(6)凝聚力差。具有团队认同感的部队更有凝聚力,军人更倾向于保卫战友的生命安全而战斗。缺乏凝聚力的部队将是一盘散沙。

(7)作战信心不足。对武器装备的信心和对部队打胜仗的信心不够。

(8)战斗信念缺失。对任务的合法性和战争的正义性的认识不足,对战斗的意义产生怀疑。

(9)战斗支援不够。包括战斗力量支援和心理支持不够,人员的不安全

---

① 贺岭峰,唐良树. 军队心理服务工作 100 例[M]. 北京:解放军出版社,2013:36.

② 格里格,津巴多. 心理学与生活[M]. 王垒,王甦,译. 北京:人民邮电出版社,2003:380.

③ 杨曦,刘铁榜,杨洪,等. 富士康深圳工厂 12 名员工丛集性自杀原因的回顾性分析[J]. 中国心理卫生杂志,2012,26(2):120-123.

④ GAL R,MANGELSDORFF A D. 军事心理学手册[M]. 苗丹民,王京生,刘立,译. 北京:中国轻工业出版社,2004:445-465.

感大幅度增加。

4. 集体情境性心理风险因子

(1) 创伤性事件。部队在驻地或者在执行任务过程中经历恐怖袭击、地震、洪水、海啸等灾害性事件，尤其是经历战友牺牲等场景，对当事人的心理产生极大震撼。

(2) 恶性事件。部队出现打架斗殴、意外亡人伤人等情况。

(3) 战斗强度过大。战斗强度是指全部参战部队每天或每小时伤亡的人数。战斗强度反映了战斗的惨烈程度，也说明了参战者所承受的心理和身体的刺激，无疑对他们的承受能力提出严峻挑战。

(4) 战斗疲劳。睡眠不足、长途机动、负重过多等。作战人员长时间处于高负荷状态，心理素质下降，内环境紊乱，势必影响部队的战斗力和所担负任务的完成。

(5) 恶劣条件。部队经历酷暑、严寒、下雨等恶劣天气以及缺衣少食、居住环境差等困难条件。

(二) 关于心理风险预警的研究

心理风险预警，是指依据事先确定的心理风险因子，主动搜集预警信息，及时发现和识别潜在的或现实的心理风险因素，并进行分析和评估，确定心理风险等级并发布相应警报的过程。

心理风险事故的发生有一个渐变、质变的过程，在识别风险的过程中最主要、最核心的是发现和识别风险源，因为只有发现风险源，才能有的放矢地改变风险因素存在的条件，才能防止风险因素的增加或聚集，才能衡量和选择应对风险的方法。在军事领域中的不幸事件除了对受害者产生直接伤害或影响，如战场负伤、死亡或自杀等，往往还会给那些所在部队的个体或集体带来间接伤害和影响。

我国学者已经意识到心理预警指标的重要性，并尝试运用不同种方法来确立指标体系。时勘对 SARS(严重急性呼吸综合征)突发事件进行研究，通过结构方程分析确定了 4 项社会心理预警指标：风险评估、心理紧张度、应对行为、心理健康①。张烽则从工作表现、同事反馈、家庭成员反馈、同学朋

① 时勘. 危机突发事件的社会心理预警研究[J]. 北京社会科学，2003(4):51-59.

友反馈和社会信息等 5 个方面来构建警察心理危机预警的指标体系[①]。而针对空降兵群体，周军、袁继红和魏良云的调查研究结果显示，胆汁质和抑郁质对应激分值具有显著的影响，并认为，对于情感易受影响、感情脆弱，忧郁以及自我要求高的高心理应激水平的个体要重点关注[②]。高玉宏、张武生和沈艳萍对空降兵的心理风险进行了分类：严重特殊情况不良心理状态、一般特殊情况不良心理状态和轻微特殊情况不良心理状态[③]，这为采取针对性处置措施提供了参考基点。

在风险识别的基础上，对心理风险指标进行综合评估，从而可以依据风险等级发出风险警报。贺岭峰认为，“战时心理防护应该建立心理风险评估机制，心理防护风险主要来自于自杀预测因子、心理异常发生率、应激反应的程度与后效、心理应激源及其控制情况等因素[④]。”根据不同的风险等级，采取不同的处理方式，当指标指数超过轻警区间，出现轻警以上的警情，即进入警戒状态，及时发出警情警报，实施对应的措施。风险从一般的意义可表示为事件发生的概率及其后果的函数：$R=f(P,C)$。其中，R 为风险程度，P 为事件发生的概率，C 为事件发生的后果[⑤]。《军队安全管理条例》(2019)明确规定：组织重大活动、执行危险性任务时，应当预先进行安全风险评估。心理风险评估在心理风险信息收集和整理的基础上，依据一定的标准，运用定性、定量的科学分析方法和手段，完成危险评估分析，将危险因素转化为危险评定分数，通过量化值可以直观地表现心理风险的相对程度。

心理风险报警是当发现个体存在心理问题和危机或者有出现危机的苗头时，在经过风险评估的基础上，各级相关人员按照评估的严重程度等发出

---

① 张烽.警察心理危机及其预警指标体系构建研究[J].湖北警官学院学报，2010(1):106-108.

② 周军，袁继红，魏良云.空降兵心理应激与气质和行为类型的关系[J].华南国防医学杂志，2012，26(6):576-579.

③ 高玉宏，张武生，沈艳萍.跳伞员特殊情况心理状态及行为反应[J].空军军事学术，2013(6):72-73.

④ 贺岭峰.战斗力生成视域中的战时心理防护机制的研究进展[J].第三军医大学学报，2016，38(1):8-15.

⑤ 谢晓非，徐联仓.风险认知研究概况及理论框架[J].心理学动态，1995，3(2):17-22.

不同等级的警报，从而为及时采取相应措施做准备，以防止过激行为和严重事件的发生，将可能产生的悲剧消灭在萌芽状态，达成有效预防和最大限度降低损失的目的。

从已有研究看，关于心理风险预警的研究主要是针对大学生、企业员工、受灾群众以及警察、海员、部队官兵等高危群体，研究内容主要集中在心理危机、心理应激、心理健康、社会心理风险等。比如，我国高校陆续实施三级或四级心理危机预警系统①。丁芳盛尝试构建海员心理健康三级预警模式，将问题海员分为一级、二级、三级预警对象，在一定范围内发布警告并采取相应级别的预警行动，最大限度地进行针对性地关注和干预②。还有研究者利用计算机技术开发了“B/S 模式下心理预警系统③”，集在线测评、学习、宣传、管理于一体，以使心理预警能够更为方便和快捷。

就军队而言，已经开展了心理危机预警方面的研究，刘焱认为，“青年官兵心理危机预警机制的构建可以促进心理危机干预模式的完善，减少心理危机的发生，深化军队心理健康教育工作，它主要包括预警对象的确立、预警指标体系的建立、对预警信息的评估和处理危机四个组成部分④”。当前军队对心理风险的测查已经使用了标准化的测量工具，空降兵部队也在使用。例如，武小梅、吴宁和刘伟立等人基于部队新兵跳伞训练心理应激状况，编制修订的“军事群体心理应激预警检测工具”问卷（共 32 个项目），将军事群体心理应激划分为领导支持、部队士气、应对方式、自我效能、战友支持和控制感 6 个维度⑤。然而，军事应激只是心理风险的一部分，心理风险涉及很多方面。孙克鹏在对我军作战心理风险现状调查分析的基础上，根

---

① 卢珊. 高职院校学生心理危机预警预防工作综述[J]. 中国电力教育，2012(25)：141-142.

② 丁芳盛. 海员心理健康预警体系的构建[J]. 航海教育研究，2011(1)：66-68/85.

③ 李一唯，郭文汇，刘丽娟. B/S 模式下心理预警系统的实现[J]. 电脑知识与技术，2011，25(7)：6103-6105.

④ 刘焱. 青年官兵心理危机预警机制的构建[J]. 西南军医，2011，13(4)：648-650.

⑤ 武小梅，吴宁，刘伟立，等. 军事群体心理应激监测、预警及干预效果评价[J]. 中国健康教育，2009，25(9)：664-667.

据军队作战进程提出军队作战心理风险评估的主要指标，建立与作战心理综合素质风险评估相对应的指标体系[①]。从空降兵心理风险预警工作的角度来讲，关于预警指标、警报信息识别与标准、预警数据库、预警工作机制等方面的建设与实践研究前景广阔、大有可为。

(三)关于心理风险控制的研究

在心理风险警报系统发出警报后，相关部门及责任者要根据示警信息的类型、性质和示警的程度，按照“分级响应、协同应对”的原则，根据心理风险预警等级及时采取相应的控制措施，力争避免危机发生或减少危机损失、防止危机扩大，这就是心理风险控制。

1. 外军关于心理风险控制的研究

外军尤其是美军一方面长期以来重视心理工作，另一方面近年来经历了多次战争，他们在心理风险控制上有比较多的经验，这突出体现在心理测量、心理教育、心理训练、心理干预以及人才队伍建设等方面。

(1)心理测量方面。军事心理学的诞生标志是第一次世界大战期间进行了大规模的心理测量，而这种通过心理测量进行的军队士兵的筛选，一定程度上降低了集体的心理风险也提高了部队的战斗力，从这个意义上讲，也具有心理风险控制的作用。劳伦斯(J. H. Laurence)和马修斯(M. D. Matthews)认为，“确定一个人执行特殊、高风险军事任务的心理适应性，需要恰当的评估高风险工作中的心理选拔，包括两个相对的程序：汰劣和选优[②]”。汰劣程序是为了评价一个人的心理特征和情感稳定性，即他们将来能否免于心理疾病和减少出现心理问题的风险；选优程序是用来评估候选人是否具备了成功执行任务必要的复杂技能和心理属性，也用来推荐选拔人员到最适合他们特点和优势的岗位。

(2)心理教育方面。心理教育被越来越多地应用到创伤事件之后。在波斯尼亚“联合努力行动”中，美军心理健康工作者实施了综合性的推广计

---

① 孙克鹏.基于层次分析法的军队作战心理风险评估研究[D].西安电子科技大学,2014.

② Laurence J. H., Matthews M. D. 牛津军事心理学[M].杨征，译.北京:科学出版社,2014:152.

划,教育士兵不再为自己的求助行为感到羞耻,他们更自觉地接受了现有的心理服务①。

(3)心理训练方面。美军在新兵刚一入伍,就要对他们进行长达9个星期的“地狱式”训练。“陆军规定新兵每周训练时间为6天半,在强化新兵体能训练的同时,通过压力管理对士兵进行心理上的强化训练②。”美军对战争的准备从来没有停止过,他们经常模拟战争来展开训练,例如在伊拉克战争之前,美军就模拟城市巷战、生化武器袭击等军事演习,旨在让官兵先行体验战场上可能遭受到的巨大心理压力,以消除其战场上的不适应状况。另外,各国军队还加强心理战的训练,例如,美军的情报部门专门设立心理战及心理战的相关训练指导机构,德国国防部成立了联合心理战部队,以色列国防军通过每个师部署的心理战小组来指导部队心理战训练。

(4)心理干预方面。外军在心理干预方面的主要工作有:总结并实践干预原则,心理干预在战争的应用和新方法的开发,以及战后的心理干预与家庭服务。

其一,总结心理干预原则。美军战场救治普遍遵循就近(proximity)、即时(immediacy)、期待(expectancy)三原则(即 PIE 原则,最早起源于一战)。后来,又加上了易用(simplicity),就变成了 PIES 原则。肯尼迪(C. H. Kennedy)和齐尔默(E. A. Zillmer)则指出,针对战斗应激或作战行动应激实施干预的原则,被人们普遍称之为 BICEPS 原则,该术语是由六个原则的首字母组成的:简短(brevity)、即时(immediacy)、集中(centrality)、期望(expectancy)、就近(proximity)和易用(simplicity)③。美国陆军部认为,BICEPS 原则专注于现有优势,尽量避免将该军人置于“患病”的角色中,将

① Bacon B. L., Staudenmeier J. J. A historical overview of combat stress control units of the U. S. Army [J]. Military Medicine, 2003, 168(9): 689-693.

② 逯记选. 美军非战争军事行动中的心理防护[J]. 军队政工理论研究,2008,9(6):116-118.

③ 肯尼迪,齐尔默. 军事心理学:临床与军事行动中的应用(第2版)[M]. 王京生,译. 北京:中国轻工业出版社,2017:96.

重新建构、重新定向和重新整合作为康复的主要目标①。

其二,在战争中实施心理干预并开发新的方法。“针对大约17%的驻伊士兵出现的以焦虑心理为主的应激反应,美军提出命名为‘冷冻’的心理防护计划②。”美军在多次战争中对有心理困扰的士兵实施“三热一睡”(热的食物、热身运动、热心咨询和舒适睡眠)的减压措施,起到了很好的效果。在很长的一段时间里,战场应激控制一直是研究焦点,但是随着战争形态和作战样式的变化和军事心理学学科的发展,战场应激控制研究从“有病再医”的被动防护模式向构筑“主动反应全方位心理防护体系”的积极预防模式转变③。这也符合心理风险超前管理的理念。俄罗斯军队在总结战斗经验的基础上将进攻中的心理工作分为战场中的军人心理帮助和野战医院中的社会心理康复两个层面来进行。俄军还有专门针对战术空降时的精神心理保障研究,认为其主要任务是:使军人、分队与配属的直升机遂行联合行动时保持较高的战斗准备状况和心理稳定性,防止和消除个人和编队可能出现的消极心理状态,预防战斗恐慌情绪;心理工作主要是心理支援和帮助(心理伴随),目的是使分队全体人员保持心理稳定,降低因精神心理疾患而造成集体的损失。

其三,注重战争后的心理干预与家庭服务。美国国防部与合作单位面向退伍军人开发和测试了新的治疗方法,以应对广泛的酗酒和药物滥用的不良“自我治疗”习惯。例如,罗森的资金管理干预法,训练那些处在药物治疗期的人通过寻求治疗目标的完成来更好地掌控他们的资金;麦凯的电话治疗方法,在完成首次面对面治疗后提供几个月一次的家庭咨询④。长期的军营生活给官兵尤其是已婚者的家庭生活带来压力,因此从家庭的亲密关系角度去进行支持性的帮助是有益的。例如,美军就有“从军属支持团体到

---

① U. S. Department of Army. FM6-22.5, combat and operational stress control manual for leaders and soldiers [M]. Washington, DC: Author, 2009.

② 逯记选.美军非战争军事行动中的心理防护[J].军队政工理论研究,2008,9(6):116-118.

③ 陈玲丽,陈瑞芬.美军心理素质研究现状及对我军启示[J].军事体育学报,2017,36(2):71-73.

④ 劳霍姆-斯科特,菲利普特.军事心理健康指南:军人及家庭、社区手册[M].冯正直,祖霞,译.重庆:西南师范大学出版社,2016:132.

军人夫妇周末度假计划在内的全面拓展计划，可能帮助军人家庭共同度过那些伴随戎马倥偬而来的艰难岁月[①]”。

(5)人才队伍建设方面。虽然在一战和二战中有大量的心理学家涌入部队进行心理服务，但是麦克奎尔(F. L. McGuire)指出：“直到1947年，心理学家才有了永久性的现役岗位[②]。”如今，美军已经设立了专门机构和配套了专业人员。美军在军一级配置了战斗应激(OM)职业医疗队，由47名成员组成，包括5名精神病医生、1名临床心理学家、28名行为科学和精神病专业军士、6名社会工作军官及数名护士和行政官员；师一级设有5人精神卫生小组，包括精神病医生、临床心理学家和社会工作军官各1名，行为科学专业军士2名，是战时军人心理保障工作的骨干力量。美军仅在陆军就设立了心理卫生科学院、陆军行为和社会科学研究所等14家单位，近千名专家开展对军人心理问题的研究，并向军队战斗应激职业医疗队、心理卫生组输送了大批专业人才，提供了专业技术支持[③]。英军、德军和俄军等也都有心理服务的专业组织机构，为部队提高专业化的心理保障。

2. 我军关于心理风险控制的研究

王京生在《军事心理学：临床与军事行动中的应用》一书的导读中说：“近年来我军在危机干预工作上已经积累了一些经验，但这些经验多数来自于非战争军事行动，如抢险救灾和重大军事行动保障等。由于我军多年没有经历大的战事，战场上的危机干预还缺乏实践经验[④]。”

总体而言，我军在心理风险控制方面的理论和实践研究已经有了一些可喜成就。在汶川地震时卫生部出台了《紧急心理危机干预指导原则》(2008)，对抗震救灾中的心理风险控制起到了积极作用。近年来在安保、维

① 劳霍姆-斯科特，菲利普特. 军事心理健康指南：军人及家庭、社区手册[M]. 冯正直，祖霞，译. 重庆：西南师范大学出版社，2016：20.

② Mcguire F. L. Psychology aweigh! A history of clinical psychology in the United State Navy. 1900-1988[M]. Washington DC: American Psychological Association, 1990.

③ 李爽. 美军心理干预工作及其启示[J]. 国防科技，2009，30(1)：78-83.

④ 肯尼迪，齐尔默. 军事心理学：临床与军事行动中的应用[M]. 王京生，译. 北京：中国轻工业出版社，2017：84-85.

和、护航等任务中开展了心理服务工作，在不断实践中得到了理论验证和经验结晶[①]。

在军事院校，着手培养心理专业本科生、硕士生和博士生，构建了富有特色的“知心”“强心”“攻心”课程体系，为我军的心理工作做了理论探索和人才储备[②]。我军特别重视预防性的心理风险控制，不管是在航空领域还是在飞行员群体，不管是在院校还是在基层部队，心理训练工作有着丰富的实践和理论探索。在军队内部对军人自身的心理适应性训练受到了重视，军事心理训练也提高到了日常的训练日程，军事心理训练的普及化促进了军事训练研究的大众化、专业化和科学化。蒋一斌指出，作战心理训练的核心内容为战场心理适应能力训练、战场心理稳定能力训练、战场心理承受能力训练[③]。

空降作战具有强烈的刺激性和高度的危险性，对空降兵部队官兵来说有着比较高的心理风险，需要他们有过硬的心理素质。叶宇新和李文成认为，空降作战要求官兵具备4项心理品质：敢于牺牲的奉献精神；敢打硬拼的战斗作风；沉稳干练的非凡意志；超强的忍耐能力[④]。国内关于空降兵心理风险控制方面已经有了很多有价值的研究，大致可以分为三大类别。

第一类为预防性的控制策略研究，主要是基于跳伞安全顺利进行而针对跳伞员开展的心理素质训练的措施。董新东认为，“跳伞员心理素质的强弱会对跳伞训练安全产生很大影响，应从心理教育、心理训练、心理疏导等方面提高跳伞员心理素质[⑤]”。汪振喜等人提出加强空降兵心理素质训练的方法：①加强心理训练，增强心理承受能力；②加强健康防治，提高心理对抗

---

① 王金丽. 多样化军事任务心理指导手册[M]. 北京：北京师范大学出版社，2016.

② 贺岭峰，田彬. 军事心理学概论[M]. 北京：北京师范大学出版社，2016.

③ 蒋一斌. 论作战心理训练[J]. 西安政治学院学报，2007，20(6)：43-47.

④ 叶宇新，李文成. 空降兵心理品质培养浅议[J]. 空军军事学术，2009(1)：116.

⑤ 董新东. 提高跳伞员心理素质的几点思考[J]. 军事基础教育，2013(4)：12-13.

能力;③把握重点人群,科学预测预防;④加强宣传教育,提高自我调控能力①。袁源和罗章华提出开展跳伞心理教学和训练的建议:①加大跳伞心理教员骨干队伍培养;②遵循跳伞训练科学原则;③加快跳伞心理教学配套设置建设;④逐步加强跳伞人员心理知识教育;⑤规范跳伞心理教学训练评估手段②。谢圣东、帅伟伟和曹昌新提出空降训练中学员心理素质训练方法:①模拟生理反应训练,提高身体适应能力;②模拟升空跳伞氛围,提高心理抗干扰能力;③加强心理暗示训练,提高自我调整能力;④培养从容心理境界,提高处置特情能力;⑤培育闻战则喜作风,提高敢打必胜能力③。

第二类为干预性的控制策略研究,主要是针对官兵的不良心理反应而采取针对性措施。张永雪针对新兵跳伞训练心理异常状况提出三条防控措施:①搞好针对性的政治思想教育;②重视心理健康疏导工作;③搞好跳伞心理训练④。张永雪又针对空降兵跳伞中的心理反应提出了心理干预措施:①提高心理承受能力;②进行心理调控训练;③创造良好环境⑤。高玉宏、张武生和沈艳萍针对跳伞不良心理对跳伞训练的实际影响,提出三条降低安全风险概率的方法措施:①严格控制事故隐患;②做好重点掌控;③实施全程风险管理⑥。王蕾和欧阳维真在总结空降兵跳伞复训中常见的不良心理反应的基础上,探讨了从客观具体评估、拓宽心理训练、重视心理支持和强化心理疏导等四个方面调控复训人员的心理状态⑦。

① 汪振喜,陆井,邓定安,等.加强空降兵心理素质训练的思考[J].航空军医,2010,38(4):168-169.

② 袁源,罗章华.加大开展跳伞人员心理训练力度[J].空军空降兵学院学报,2014,31(3):4-5.

③ 谢圣东,帅伟伟,曹昌新.升空跳伞训练中学员心理素质训练[J].空军院校教育,2014,26(1):37-38.

④ 张永雪.新兵跳伞训练心理异常状况及防控[J].实用医药杂志,2007,24(7):855-856.

⑤ 张永雪.空降兵跳伞训练的心理干预[J].航空军医,2015,43(2):67-68.

⑥ 高玉宏,张武生,沈艳萍.跳伞不良心理风险评估与管理对策[J].空军军事学术,2014(4):123.

⑦ 王蕾,欧阳维真.117例空降兵跳伞复训中的常见心理问题和干预[J].西南军医,2017(1):96-98.

第三类为综合性的控制策略研究，主要针对具体任务而提出防控结合的措施。陆丽霞、吴敏波和许闯认为，建立健全空降兵遂行非战争军事行动任务阶段的现场心理干预机制应当把握“三性”原则：即时性、同步性和互动性[①]。高玉宏、沈艳萍和张武生提出，在不改变跳伞训练组训模式的前提下，将跳伞学员分为“跳前、跳中、跳后”三个阶段进行心理管理与控制：①开展跳前评估，为跳伞学员把住心理关口；②开展跳中支援，为跳伞学员减少心理干扰；③开展跳后干预，为跳伞学员降低心理损伤[②]。徐轩、曹富松和余存良则针对空降兵部队高原演习对心理影响的情况，提出应对策略：①成立组织，建立健全心理卫生工作机制；②结合任务特点，做好演习阶段心理卫生工作；③针对新兵心理承受力弱的特点，加强心理卫生宣传教育；④结合演习任务，做好心理干预工作[③]。

就以上关于空降兵心理风险控制的研究而言，它们具有三个突出的特点：其一，研究多以调查研究为主，突出问题导向；其二，重视预防性策略，大都提到心理教育训练的作用；其三，注重结合任务需求开展心理服务工作，达成提高官兵心理素质和心理健康水平的目的。

总而言之，关于心理风险的研究俄军已取得了一定的成就，对其军事活动的帮助是巨大的。心理风险管理将是一个大有可为的研究领域。从已有研究看，国内对心理风险的研究起步较晚，但研究数量增长迅速。地方专家学者对心理风险问题已在不同侧面和不同领域有一定的研究，但是往往缺乏整合性的，而军内专家学者则对心理风险问题关注相对较少。与此同时，现有研究还存在着一些不容忽视的问题：一是关于风险管理的研究凭经验分析的多，尚缺乏深入的实证研究，尤其是很少从质化角度进行研究；二是风险管理多研究大学生群体、金融领域、社会突发事件等，而关于军人乃至空降兵的研究相对来说是欠缺的；三是风险预警指标的研究缺乏整合，以往关注风险因子的比较多，而结合保护因子和双向因子一起来研究的比较少；

---

① 陆丽霞，吴敏波，许闯．略论空降兵遂行非战争军事行动的心理工作机制[J]．世纪桥，2010(15)：54-55.

② 高玉宏，沈艳萍，张武生．空降兵学员跳伞心理训练探析[J]．空军指挥学院学报，2015(4)：23-26.

③ 徐轩，曹富松，余存良．空降兵部队高原演习心理影响因素及应对策略[J]．空军医学杂志，2011，27(2)：109-111.

四是心理风险的分级控制思想已经产生，但是控制策略相对比较模糊，需要进一步明确和细化。因此，对空降兵心理风险管理的研究亟待深入。

第一章

空降兵心理风险管理研究的目的、方法及框架

马克思说:“问题就是时代的口号,是它表现自己精神状态的最实际的呼声①。”问题能够带领我们进一步去发现,而我们发现的方式则是由问题的性质决定的。在社会科学领域,有量化研究和质化研究两类方法,前者来自于逻辑实证主义,后者深受现象学和释义学的影响;前者适合宏观层面的控制预测,后者更适合微观层面的意义解释。对空降兵心理风险管理问题的研究更需要从微观层面以质化方法来进行,不是依靠数量化的呈现,而是依靠研究的已知与个人智慧来建构意义。空降兵官兵将通过诉说他们自己的故事,来为我们展示他们多姿多彩的真实生活,同时将为我们更好地理解空降兵心理风险管理问题提供最有价值的信息。

一、研究目的

对问题的理解方式决定了我们的行为方式。因此,要探讨空降兵心理风险管理的问题,就要深入到空降兵部队,去听听他们的故事,来找寻他们是如何理解这个问题的。空降兵部队官兵是如何理解和看待心理风险的?空降兵的心理风险应该如何识别、评估和预警?如何有效控制心理风险?有什么方法策略可能有助于空降兵部队官兵更好地进行心理风险管理?对这些基础性问题的回答将为我们深入理解空降兵心理风险管理提供帮助。空降兵是一个具有快速反应、机动灵活等特点的特殊群体,心理上的风险因素会影响其作战能力的发挥甚至决定作战任务的成败。光荣的使命和严峻的形势预示着空降兵心理风险管理研究回避不了以下几个问题。

① 马克思恩格斯全集:第40卷[M].北京:人民出版社,1982:289-290.

（一）探索空降兵心理风险的发生机理

任何一件事情的出现都不是凭空而来的，也不是无缘无故的。从心理风险发展到产生损失的后果，是一个从量变到质变的动态过程。心理风险作为危及部队安全发展的重要因素，受到越来越多的关注，在研究和综合考察空降兵心理风险因素基础上做出风险预报并采取有效应对措施，显得意义重大且势在必行。那么，空降兵心理风险是什么？空降兵心理风险涉及哪些方面？心理风险演进的过程是怎么样的？空降兵心理风险有什么作用和影响？这些问题将指引我们更好地把握心理风险管理的要义。

（二）识别空降兵心理风险的影响因子

在人们的生活中，心理因素的影响极为常见，而且有很多心理风险因素直接导致其生活质量的下降乃至生命的终结。例如，就自杀风险而言，杨铁凡、唐遇和金友等人对大学生自杀的研究结果显示："专业满意度、人际关系、学习压力、家庭类型及经济状况、健康状态、抑郁、偏执、敌对、焦虑、神经质等因素对大学生自杀的影响均有统计学意义，其中抑郁的预测率最高①。"对空降兵而言，很多心理风险因素都可能导致个体或集体战斗力的下降乃至丧失。从已有研究分析，预测心理风险的因子可以分为不同的类型。对空降兵部队官兵所讲述的故事文本进行分析，来梳理和总结空降兵的心理风险到底有哪些方面，以期为心理风险预警和心理风险控制提供帮助。

（三）解析空降兵心理风险的预警过程

空降兵心理风险预警，是指依据事先确定的心理风险因子系统，主动搜集预警信息，及时发现和识别潜在的或现实的心理风险因素，并进行分析和评估，确定心理风险等级并发布相应警报的过程。风险程度的高低是风险管理措施的依据和参考，因而有必要从心理上和实践上来对空降兵心理风险的等级进行划分。空降兵心理风险的等级界定必须以部队战斗力为标准，也就是说要以心理风险因素对部队战斗力的损伤程度来判断和区分心理风险的等级。再根据心理风险的等级以颜色分级示警，分别用绿色、黄色、橙色和红色等颜色表示不同的风险警戒区间。

---

① 杨铁凡，唐遇，金友，等. 大学生自杀风险评估及相关因素研究[J]. 中国校医，2013，27(9)：644-646.

(四)制定空降兵心理风险的控制措施

美国安全工程师海因里希(Herbert William Heinrich)[①]提出的多米诺骨牌理论认为:风险事故的发生总有一个固定的逻辑顺序,只要我们事前采取措施及时切断逻辑顺序中的一个环节,风险事故也就不会发生了。在心理风险预警后,相关部门及责任者要根据示警信息的类型、性质和示警的程度,按照"分级响应、协同应对"的原则,根据空降兵心理风险预警等级及时采取相应的处置措施,力争避免危机发生或防止危机扩大、减少危机损失,这就是心理风险的控制。根据遇到的具体情况采取恰当的心理风险控制措施是主要探寻的内容。

(五)提出空降兵心理风险管理的对策建议

心理风险管理不仅仅是衡量和规避风险的一种途径,更是维护部队稳定、提升部队战斗力的利器。在全面风险管理的视域下,心理风险管理朝着风险衡量范围更加广泛、风险衡量体系更加统一、风险衡量结果更加标准化、风险管理目标更加明确的方向前进。当前,空降兵部队的心理风险管理已经有了一些尝试性的和富有成效的工作,但是总体来说还处在摸索阶段,还有一些深层次的和系统性的工作要做。本研究将结合访谈内容进行分析和撷取,立足于心理服务工作的实际,为更好地做好空降兵心理风险管理提出可操作性的对策建议。

二、研究方法

质化研究是与量化研究相对的概念。"质的研究(即质化研究)是以研究者本人作为研究工具,在自然情境下采用多种资料收集方法对社会现象进行整体性研究,使用归纳法分析资料和形成理论,通过与研究对象互动对其行为和意义建构获得解释性理解的一种活动[②]。"毛泽东指出:"我们的任

---

① 海因里希在《一个科学的方法》(1931)一书中提出了著名的"安全金字塔"法则。该法则认为,在1个死亡重伤害事故背后,有29起轻伤害事故;29起轻伤害事故背后,有300起无伤害虚惊事件,以及大量的不安全行为和不安全状态存在。这个法则叫作海因里希法则(也常被称为海恩法则)。

② 陈向明.质的研究方法与社会科学研究[M].北京:教育科学出版社,2000:12.

务是过河,但是没有桥或没有船就不能过。不解决桥或船的问题,过河就是一句空话。不解决方法问题,任务也只是瞎说一顿①。”具体到本研究,应该说目前关于心理风险管理的研究成果是比较少的,需要通过研究去发现和构建新的框架,这就决定了本研究应采用多层次、多方面、多视角的方法,采用以质化为主的方法开展研究。

本研究采用质化研究的方法主要基于以下考虑:其一,心理风险管理并不是一个明确的概念,需要在研究中以一种开放的态度来不断地澄清;其二,心理风险问题需要研究者与被研究者在互动中建构,而不是被动地等待一方主动呈现结果;其三,心理风险管理的工作是具体的,所以尽量要把抽象的东西具象化,以利于研究结果的应用性;其四,研究者需要利用个人智慧主动建构,不能为了客观性而保持价值中立,事实上研究心理风险问题也不可能保持价值中立。这些考虑都是与质化研究方法是相契合的。基于问题性质来采用合理的方法是科学研究的基本遵循,所以,本研究采用质化研究方法,而不是量化研究方法。

根据质化研究的理论和方法,我们设计初步的访谈提纲进行预实验性质的访谈,根据实际反馈对访谈提纲进行修订和明确,然后合理选取空降兵部队官兵作为研究对象进行调查访问,征求他们对本研究内容和研究方法的意见,获取他们对心理风险管理的建设性意见,为本研究提供第一手资料,在此基础上进行质化分析和研究。研究中的主要工作:第一,广泛收集资料,深入进行理论准备,尽可能多地到各大院校图书馆查阅资料,充实文章内容;第二,充分吸取现有的与心理风险相关联的研究成果,细化本研究的重点、创新点;第三,深入到空降兵部队和院校进行调研、访谈,拿到第一手资料进行分析整合。

(一)研究对象

质化研究通常采用“目的性抽样”的方法,即按照研究的目的抽取能够为研究问题提供最大信息量的研究对象。由于质化研究注重对研究对象获得比较深入细致的解释性理解,因此,研究对象的数量一般都比较小。通常来说,30 个样本(小样本)就足够来开展一项质化研究,甚至一个案例也可以。这一方面是基于研究理念的考虑,质化研究强调意义、具体情境和典型

① 毛泽东.毛泽东选集:第 1 卷[M].2 版.北京:人民出版社,1991:139.

性，所以不需要大量的样本以能够代表全体；另一方面是基于研究实际的考虑，质化研究要深入了解研究对象的情况做分析梳理，这需要很大的工作量来完成，样本过大也不利于研究的完成。正如帕顿（M. Q. Patton）在论及质化研究的抽样重点时所说："样本一般很少，甚至只有一个个案（n=1），但需要有深度的'立意'抽样[①]。"本研究选择主要采用目的性抽样的方法，此种抽样方法不要求有大量的被试，而是根据研究目的的需要，被试提供的信息能够帮助研究者看清问题的实质，或者说资料的搜集已达成"理论性饱和"，再加入更多的被试也不能提取更新颖的信息，这样就可以停止抽样，不再需要更多的被试了。方法总是为内容服务的，抽样方法只是手段，重要的是获得访谈内含的正当性。哈奇（J. Amos Hatch）重申了一种与帕顿（M. Q. Patton）相一致的意见："有用的样本在描述策略上是最一般而又最不悦人心意的[②]。"

因此，本研究采用目的性抽样的方法，选取了空降兵部队官兵40人作为访谈对象。在这40人中，有男有女，有干部有战士，有老兵有新兵。从服役经历上说，有一直在空降兵部队服役的、有调入空降兵部队的、有调出空降兵部队仍在其他部队服役的。从个人成长经历来说，有大学生入伍的，有上过士官学校的，有战士考学、提干的，有停飞的，有高中考军校的，有3+1、2+2、4+1等模式的，有继续深造的。具体来讲，在研究对象中，男性39人，女性1人；军官31人，士兵9人；入伍年限为1到26年，M=9.80（SD=5.81）；在学历层次上，高中5人，大专11人，本科21人，硕士3人；跳伞次数为0到996次不等，M=70.23（SD=158.37）。

（二）访谈过程

利布里奇（A. Lieblich）、图沃-玛沙奇（R. Tuval-Mashiach）和奇尔波（T. Zilber）认为，"心理学的任务在于探索和理解个体的内在世界，这种探索和理解伴随着它对人类和动物行为的兴趣、它的预测和控制的目标。要

---

① Patton M. Q. Qualitative evaluation and research methods[M]. 2nd ed. Newbury Park: Sage, 1990.

② 哈奇.如何做质的研究[M].朱光明，沈文钦，徐守磊，译.北京：中国轻工业出版社，2007:101.

了解人的内在世界，最直接的渠道便是听他说说关于自己生活和亲身经历的故事[①]”。所以，本研究针对空降兵部队官兵的生活经验故事，展开半结构式访谈。所谓半结构式访谈，就是访问者最初向受访者提出一些结构性问题，然后为做深入研究起见，采用开放性问题和补充性问题，以期获得更完整的访谈资料。对空降兵心理风险问题进行质化研究，从问题与方法的关系角度来看是极具契合性的。博格丹（R. Bogdan）和比克伦（S. K. Biklen）认为质化研究适合于研究以下问题：①不成熟的概念，这些概念明显地缺乏理论基础，且前人尚未研究的概念；②一些理论的内涵是不精确的、不适合的，带有偏见的甚至是错误的；③为发展理论需要探索的和描述的现象；④事物的性质不适宜量化[②]。台湾地区学者胡幼慧认为，“质性（即质化）研究者所关注的不是‘客观分类计量’‘普遍法则的寻找’或‘因果假设的否证和统计推论’，而是‘社会事实的建构过程’以及‘人们在不同的、特有的文化社会脉络下的经验和解释’[③]”。质化研究往往关注的是文本意义和语言形式，探讨的是访谈故事的时间结构、社会结构以及故事的情节。心理风险往往产生于生活事件中，并伴随着大量的故事细节。质化研究将心理风险问题的研究立足于语言和叙事形式中间的个体主观世界的知识，重视文本化的“纯粹”经验，尝试对现实情况进行全面的解释建构，所得出的结论才能不脱离实际、更贴近个体的真实世界。

因此，在本研究中采用半结构式访谈的形式进行质化研究。半结构式访谈要依据访谈大纲来进行，本研究的访谈题目主要包含 3 个：①你所在的部队出过什么事儿？能说说具体过程吗？②你怎么看这件事？你觉得出这件事之前有什么征兆？③你觉得怎么做这件事不至于发展成最后这样？

访谈实施的时间为 2017 年的 8 月至 11 月，每人每次访谈时间为 40 分钟到 60 分钟之间，累计访谈时长达 33 小时 51 分钟，平均每人访谈时间约为 51 分钟。访谈地点均为安静的房间，访谈时只有笔者（作为访谈者）与受访

---

① 利布里奇，图沃-玛沙奇，奇尔波. 叙事研究：阅读、分析和诠释[M]. 王红艳，主译. 重庆：重庆大学出版社，2008：6.

② Bogdan R., Biklen S. K. Qualitative research for education: An introduction to theory and methods [M]. Boston: Allyn & Bacon, 1992.

③ 胡幼慧. 质性研究：理论、方法及本土女性研究实例[M]. 2 版. 台北：巨流图书股份有限公司，2008：117-118.

者两个人在场，以保证访谈过程不受外界干扰，也能让受访者畅所欲言。在访谈正式开始之前，笔者会告知受访者为更好地做好研究需要进行录音，并获得他们的同意。录音工具为数字录音笔（型号：索尼 ICD-UX560F），放置于受访者面前的桌面上。在受访者知情同意的基础上，笔者会进行口头的保密承诺，尽可能消除受访者的戒备心理，以保证访谈的顺利有效进行。在实际访谈中，笔者会以访谈题目作为提问主线，在问题主线的指引下进行一些细节的追问，使得空降兵官兵的叙事更为完整、清晰。访谈结束时，笔者均会对受访者表示感谢，并送一份小礼物作为纪念。

除进行 40 次的个体录音访谈外，笔者还进行了 3 次集体座谈会以及一些日常性的询问和交谈，这些对于理解空降兵的生活起到了辅助性的作用。

（三）资料处理

在访谈结束后，逐一将访谈录音转换成文字，得到共计 34.8 万字的访谈文本资料。根据质化研究的方法，将相似或相近的故事用同一类型作代表，关注语言风格的使用，以及空降兵对个人感受的陈述，将扎根理论、现象学方法、个案研究法、话语心理学等质化研究方法综合融入对空降兵部队官兵叙事的内容分析中。空降兵部队官兵自己的故事最能反映他们的思想和生活。塞德曼（Irving Seidman）指出："实践证明，用受访者自己的话来诠释和分享他们自己的故事，并将他们的经历用主题连接起来，是一种加工材料和整理所掌握资料的有效方式[①]。""叙说分析（即叙事分析）"发展的重点在于研究者将"生活故事和对话"的表达本身视作"研究问题"而予以剖析[②]。资料分析就是系统化地追寻意义。在研究中，对故事类型的归纳方式没有按照事先的分类标准，对所搜集的访谈资料不断进行开放的、辩证的对话，与研究对象进行互动，从而形成理论。这一过程取决于研究者对故事本身的理解和总体感觉。正如哈奇（J. A. Hatch）所说："研究者总是用他们的智慧来分析质化资料，即使运用计算机程序辅助筛选资料，也只有智慧、创造力

① 塞德曼. 质性研究中的访谈：教育与社会科学研究者指南[M]. 周海涛，主译. 重庆：重庆大学出版社，2009：6.

② 胡幼慧. 质性研究：理论、方法及本土女性研究实例[M]. 2 版. 台北：巨流图书股份有限公司，2008：134.

和人类精神的反思才能把意义赋予这些资料①。”

拉瑟(P. Lather)用研究者与被研究者关系中“互惠的需要”,阿吉里斯(C. Argyris)则以“协同探究”来指称此一双方共同投入的研究关系与过程②。的确,在实际访谈的过程中也是如此,笔者所开展的访谈进行得都比较顺利、愉快。在访谈结束后笔者也会通过微信、电话、见面聊天等方式给受访者一些反馈,双方做一些互动交流。一些受访者反映,通过笔者对他们的访谈,他们感觉倾诉了一些平常不曾与人诉说的事情,自己也轻松了很多。笔者也感觉到,自己能更深入地理解空降兵的生活了,不再像以前只是对他们有一些模糊的群体性印象甚至把他们概念化,在自己的脑海中他们是一个个鲜活的形象,他们都有着属于自己的动人的生命故事。

在文本处理上,归纳和分析统一进行。笔者作为访谈者,用I表示。X指代受访者,即笔者所访谈的空降兵部队官兵,按照访谈时间排序,从X1到X40进行人员编码。本研究中引用的访谈文本,笔者也尽量采用技术手段隐去人名、地名、单位等个人隐私或涉密信息,以践行保密承诺。

在本书后面几部分的研究和论述中,一些访谈文本会被引用。这里做以下说明:①访谈文本都是受访者的原话,如果是在段中引用,将使用引号标出;如果是单独成段,将使用楷体字体显示;②引文中的小括号“( )”内的文字是笔者附加的说明或解释,中括号“[ ]”内的文字是笔者添加的表示受访者遗漏的词语,以使语句更通畅和易于理解,省略号“……”一般表示为受访者的谈话流中的一次停顿,句内加省略号“……”则表示笔者删减了一部分无关主旨的话语,以使语义集中呈现且更为连贯;③为了突出重点内容,在受访者的一些句子下会加上着重号,例如,“我感觉那些心理素质不行的,可能在于对自己的不自信。反正我自己,我新兵刚来的时候,我心理素质也不行。”

三、研究框架

关于空降兵心理风险因素已经有了一些相关理论研究成果,这是空降

---

① 哈奇.如何做质的研究[M].朱光明,沈文钦,徐守磊,译.北京:中国轻工业出版社,2007:150.

② 胡幼慧.质性研究:理论、方法及本土女性研究实例[M].2版.台北:巨流图书股份有限公司,2008:84.

兵心理风险管理的理论基础和逻辑起点；空降兵心理风险因素的评估与预警始终坚持战斗力这个唯一的根本的标准，空降兵心理风险管理研究也是为军队能打仗、打胜仗服务的，这为空降兵心理风险管理研究指出了明确的研究方向；空降兵心理风险管理始终以空降兵部队及官兵的现实特点为基础，空降兵丰富的军事实践为心理风险管理研究提供了现实依据；空降兵心理风险管理与心理服务工作有着密不可分的联系，关于军队心理服务的丰富研究成果可以作为空降兵心理风险管理研究的有用参考，这为本研究提供了侧向支撑；外军在心理防护方面有着深厚的理论成果和丰富的实践经验尤其是战争经验，这必然为空降兵心理风险管理研究提供有益的借鉴。另外，笔者的导师是军事心理学专家，在军队心理服务工作领域有着深厚的研究实力，确保了研究的基本水平；笔者来自空降兵某部，对心理风险管理有着浓厚兴趣，也收集到比较丰富的相关资料，笔者曾经多次参与空降兵学员跳伞心理训练与保障工作，已经积累了比较丰富的实践经验，并发表了一系列的研究成果，这些均为本研究奠定了坚实的基础。总之，空降兵心理风险管理研究有强烈的时代感和迫切的现实性，从内部来说有一定研究积淀，从外部来说研究条件比较完备，客观上有研究的必要性，主观上有研究的能动性，相信通过个人努力和导师帮带，应该能够按照要求顺利完成一项比较高质量的研究。

在搜集并分析心理风险管理的相关研究成果和明确空降兵心理风险的内涵和理论渊源的基础上，借助心理学、军事学、管理学、社会学、语言学等多学科的理论研究成果，深入空降兵部队针对空降兵一线官兵进行调研和访谈，来研究探索空降兵心理风险管理的问题。

本研究主要由绪论和主体第一章至第五章构成（框架结构见图 1-1）。绪论，主要包括选题依据、研究意义与创新点、基本概念和研究综述共4 块内容，揭示研究的源起和主要背景。第一章，空降兵心理风险管理研究的目的、方法及框架，是在绪论的基础上呈现的，主要包括研究目的、研究方法及研究框架等内容，第一章为研究的起点及研究问题的概略提示。第二章，空降兵心理风险的发生机理，主要包括心理风险的系统分析、历程分析和效应分析三块内容，此部分是心理风险的理论分析，构成了空降兵心理风险管理研究的理论基础。第三章，空降兵心理风险的识别与预警，心理风险识别主要包括心理风险因子识别、心理保护因子识别和心理双向因子识别三块内容，这三类因子又成为心理风险预警的指标系统，心理风险预警主要包括心

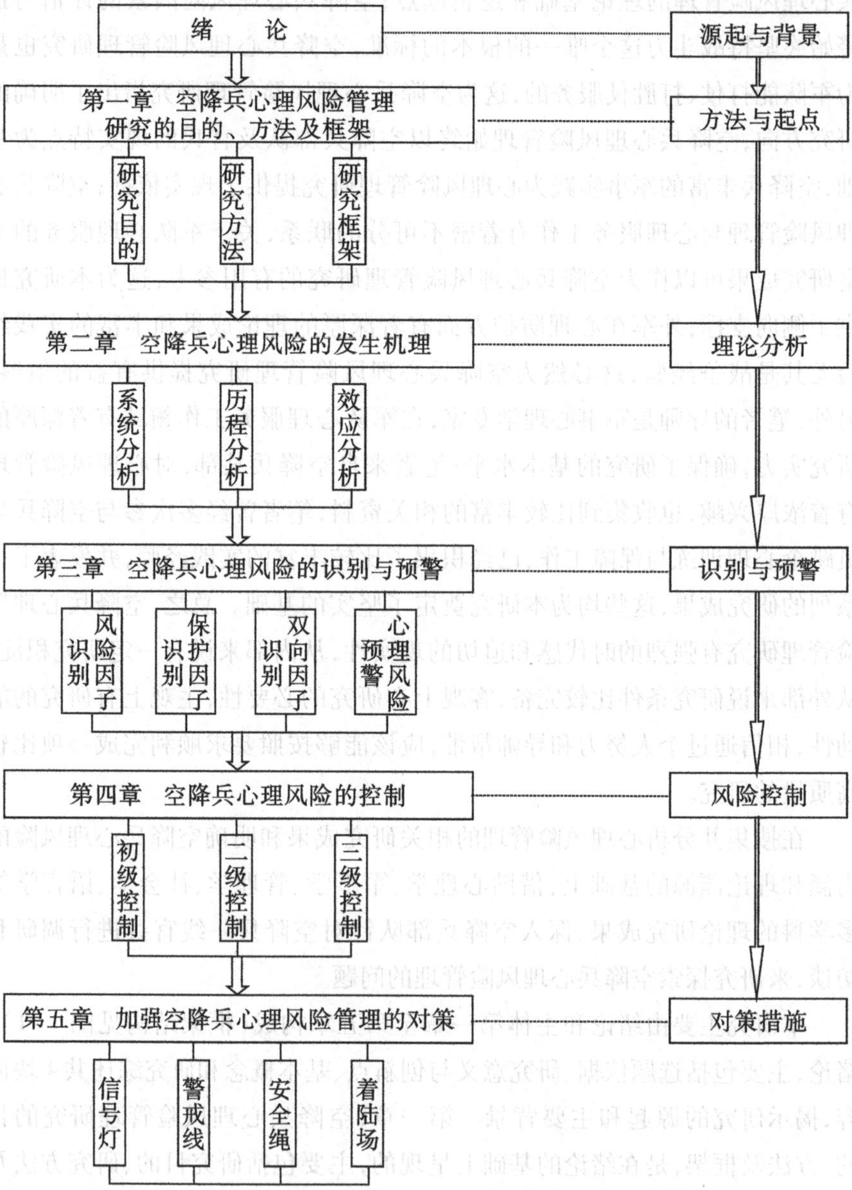

图 1–1 《空降兵心理风险管理研究》框架结构示意

理风险评估方法、心理风险等级划分、心理风险分级示警等内容。第四章，空降兵心理风险的控制，包括三级控制方法，主要是未雨绸缪式的预防、大禹治水式的疏通和亡羊补牢式的救治。在心理风险识别与预警基础上进行心理风险控制，这构成一个完整的心理风险管理过程。第五章，加强空降兵心理风险管理的对策，主要是针对第二、三、四章的研究成果，结合心理工作的实际提出加强空降兵心理风险管理主要有四条路径：装上空降兵心理风险管理“信号灯”、拉起空降兵心理风险管理“警戒线”、挂牢空降兵心理风险管理“安全绳”以及建好空降兵心理风险管理“着陆场”等对策建议，以期能够为空降兵部队的心理安全乃至战斗力提升带来帮助。

第二章

空降兵心理风险的发生机理

空降兵心理风险是指由于空降兵部队个体或集体心理因素造成部队战斗力下降发生的可能性。这是对空降兵心理风险的概念界定。在部队的实际生活中,空降兵部队官兵是如何看待心理风险呢?空降兵部队官兵将通过诉说他们自己的故事为我们展示他们多姿多彩的真实生活,同时为我们的疑问提供生动的回答。因此,下面将结合空降兵跳伞的故事,主要从静态、动态和后果的角度来进行系统分析、历程分析和效应分析,以说明空降兵心理风险的发生机理。

一、空降兵心理风险的系统分析

习主席强调:"人民军队永远是战斗队,人民军队的生命力在于战斗力,必须强化忧患意识,坚持底线思维,全部心思向打仗聚焦,各项工作向打仗用劲,确保在党和人民需要的时候拉得出、上得去、打得赢。"①军队战斗力的基本要素是人、武器装备以及人与武器装备的结合,可用公式表示为:战斗力=人+武器装备+人与武器装备的结合(见图2-1)。科学技术的日新月异,带来武器装备的快速更迭,于是新装备形成战斗力已经成为部队经常性和长期性的工作。毫无疑问,新装备必然带给战斗力三要素以巨大影响,战斗力三要素也会出现不同的心理风险状况。因此,从静态的角度分析,空降兵同样涉及人、装备、人装结合这三个方面的心理风险。

① 习近平.在庆祝中国人民解放军建军90周年大会上的讲话[N].解放军报,2017-08-02(2).

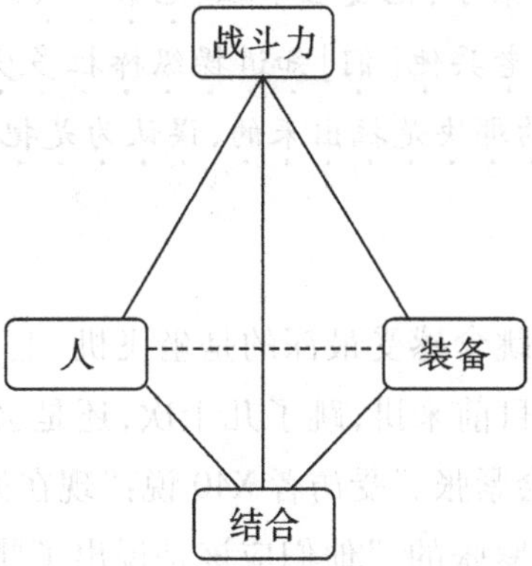

图2-1 战斗力构成要素

(一)人的心理风险

根据安全心理学的研究,导致操作人员不安全行为的心理因素主要表现为8个方面:侥幸心理、逆反心理、麻痹心理、逞能心理、从众心理、省能心理、厌倦心理和违心心理。这些对于空降兵的心理风险来说同样是适用的。就跳伞活动而言,最明显的心理风险状态则表现为紧张心理。因为人们在面对危险的时候,常常会采取"战斗—逃跑—木僵"的行为模式,可以说,紧张是人的本能反应,从进化的角度来讲,具有对机体的预警和保护作用。一方面,跳伞活动本身就具有危险性,具有与不安全行为相类似的性质,跳伞官兵会本能地出现一系列的紧张反应;另一方面,在跳伞等军事活动中官兵会目睹和听闻战友受伤的情况,这也会加剧他们的紧张心理。

受访者X14讲到一名新兵因为心理紧张而导致操作不当的情况,所幸没有出现严重的后果。

> X14:跳伞,从新兵到现在,特情……因为在×××(名称)队都是老兵跳,很少出现特情,由于老兵会主动避让,不会像新兵。因为新兵,都是蒙的,不敢操控。有的新兵聪明点儿还知道,有的不行。去年带过一个兵,他应该打开[排气口]没打开,他应该拉一下那个[操纵]棒,他以为把那个棒轻轻带一下就开了,结果拉,上面剩的绳子,结果没打开。下面通报说没打开。他说,班长,我打开了。给他叠伞的时候发现,没打开。他应该拉那个操纵棒,操纵棒也是

对的，带子顺着下来了，他没往下拉。他第一次跳，他紧张了，新兵不懂实践的，不像老兵他[们]知道操纵棒拉多少才能打得开。新兵以为操纵带多的那块是拉出来的，误认为是把排气口打开了，其实是没有。

受访者 X23 说："跳伞感受最深的是坐飞机，上飞机紧张，升到空中紧张。"受访者 X33 说："目前来讲，跳了几十次，还是会紧张。不管跳了多少次，我个人感觉，还是会紧张。"受访者 X40 说："现在如果说第二天还让我去跳伞，想起来我还是会紧张的。"他们应该是说出了跳伞员的真实感受和内在心声，这也是人的心理风险的反映。在笔者与40 名受访者的谈话中，他们一共说了43 次"蒙"字，可见这种心理风险状态的巨大影响力。这种紧张心理会对跳伞官兵尤其是新兵产生很大的影响，有时候他们会出现操作行为的偏差和失误。

(二)装备的心理风险

系统论认为，系统的功能取决于系统的结构。格式塔心理学也认为，整体大于部分之和。米格-25 是个典型的例子，这是一款苏联人研制的喷气式战斗机，它的许多零部件与美国的相比都是落后的，但因设计者考虑了整体性能，故而能在升降、速度、应急反应等方面成为当时的世界一流。最佳整体，乃是个体的最佳组合，就被称为米格-25 效应。现代武器装备是由许多子系统组成的复杂系统，系统既有可能产生"1+1>2"的整体合成效应，也有可能产生"100-1=0"的具有结构性破坏作用的坍塌效应。

受访者 X12 谈到伞具的锁针因为规格稍有不同给跳伞员带来了一些负面影响。

I：你跳伞过程中，你身边的战友有没有出现过特情啊？

X12：我们跳伞的时候，有过。这个就是方不方便讲？我新兵的时候，在×××(名称)队，07 年，跳手拉，这个就是我们同一批跳伞的，给我印象也是比较深的。我们跳手拉，不是有那个手拉环嘛？手拉环的话，因为我之前那个手拉环它那个锁针，有细一点的规格的，有稍微粗一点的规格的。刚好那个人也是我们那边的，安徽的，虽然不认识，我们不是一个单位，他当时是我们师直的一个单位的,像我们是×××(名称)大队的。当时我们是去师里的伞训大队里,我们×××(名称)大队和师直是组建成一个单位的。当时跳伞,他出去之后,拉手拉环,拉开以后,那个锁针就卡在伞包的封包里的包装袢上了。卡在那个包装袢里面了,就导致这个主伞没有打开,后来[他]就打开了备份伞。在我身边的话,就是这一起。

I:我问一下,他这个情况是为什么呢?

X12:他的情况,我们当时是新兵嘛。因为我们也不是很熟,不是一个单位的,虽然是在一起集训,就是不是很熟。反正那时就说,一出现这个事情,领导也都一起过去研究,到底因为什么出现这个事情。一个是因为那个手拉环的规格,后来我们手拉环就改了。以前拉绳锁针也有细一些的,也有粗一些的,细的规格全部都淘汰不用了,都是用粗的了。它那个细也没有细多少,但它还是要细一些,包括那个手拉环也是。可能分析的话,跟这个手拉环的规格也有一定的原因。它细的话,它强度就不一定够。第二个,可能是在包装伞的时候在包装袢的位置稍微有点扭劲呀,那个手拉环的拉力可能需要大一些。再一个,它这个规格有问题,导致它锁针没有完全拉开,直接断到里边了。具体这个原因,因为我们是新兵,只是自己猜测可能是这个原因。

田忌赛马故事中,孙膑采用"下驷战上驷,上驷战中驷,中驷战下驷"的策略,对劣势资源的合理组合成为赢得胜利的关键。朱德在《论抗日游击战争》(1938)中指出:"如果不注意最大限度地运用自己的政治武器,想单纯地拿刀、矛对抗敌人的飞机、坦克,是没有不被消灭的。"[①]现代战争,人是决定性因素,但武器装备起到的作用越来越明显。武器装备的高技术特性对人的心理产生前所未有的影响,有时候人在使用武器装备的过程中具有相当大的风险性。

(三)人装结合的心理风险

人与武器装备的完美结合是新装备形成战斗力的一个重要方面。在人装结合的过程中,人是矛盾的主要方面,因为人是主动的,装备是被动的。

---

① 朱德.朱德选集[M].北京:人民出版社,1983:41.

人是武器装备的主宰,没有高素质人才驾驭,再先进的武器装备都难以发挥作用,没有人与装备的长期磨合,也不可能生成强大的战斗力。

受访者 X37 谈到自己在一次跳伞时因为自己的身体姿态不好而导致延迟开伞的情况。

> X37:是 11 年,当指导员的时候,跳小飞机,是延迟开伞。出去之后我感觉,因为那个时候跳伞都已经很清醒了,能够数秒数得很准了。我感觉跟正常时间不一样,正常应该是 4 秒到 5 秒钟,应该就开了,我感觉到 5 秒钟的时候伞还没开,我估计肯定就是有什么情况,然后我大概又等了有 1 秒钟的时间,然后伞就开了,然后我就在想如果再给我 1 秒 2 秒钟的时间,再不开,我准备拉备份伞了。后来,下来之后,我听地面观察员说,当时我在空中的时候,出了机门,身子有点侧,可能把那个引导伞给压住了,就是伞开得有点不正常,整体那一次还是蛮安全的。

受访者 X12 谈到自己作为地面的对空广播员,在工作中观察到跳伞员因离机姿势而导致开伞不正常,这可能会出现特殊情况,如果处置不当会造成严重后果。

> X12:我当对空广播员以来,倒是一直在着陆场,每一个场次都是有这么多跳伞员,可能会出现一些,比如说离机这一块,一个是主伞开和不开,有的可能有点稍微延迟开伞,它比其他的开伞时间长一点。这是碰到过一些。他只要是开伞比别人低一些,我们就要提醒他,及时打开备份伞。大多数也都跟离机的姿势,还有身体的后仰,后仰的话他容易把引导伞稍微压住。我们包引导伞的时候,引导伞都是稍靠上。它可能会对引导伞的充气有点影响。现在我们反复练离机,对离机的姿势要求非常高。再一个他可能造成翻滚,他要是开腿,引导伞会夹住,夹住的话它也有可能充不了气。离机的话,这两个[问题]可能会造成他开伞会延迟,甚至更严重点的可能会不开。如果他引导伞一直上不去,充不了气,就可能不开。

在跳伞训练中离机姿势的反复练习就是为了达成人与伞具的完美配合。的确,人与武器装备的最佳结合必须有强烈而自觉的意识才能实现。在训练中要坚持“三个严格”:一是严格训练标准,坚持高标准严要求,不随意降低标准尺度,充分发挥武器装备的潜能,提高人装结合的程度;二是严格按操作规程训练,扎扎实实、一丝不苟,强化人装结合的规范性;三是严格训练作风,切实发现问题、有效解决问题,真正使人与武器装备融为一体,达到运用自如的境界。如果人装结合不好,那就不能发挥出装备的性能,还会出现危险情况和严重后果。在空降兵跳伞训练中,人与伞的结合就属于这种情况,可能细微的差别就会出现危险的后果。

二、空降兵心理风险的历程分析

事故是指发生在生产生活过程中,违背人们意愿且又失去控制的事件。一般来说,事故的发生都有一个演变的过程:不安全状态→不安全行为→虚惊事件→事故。引起事故的两大重要直接成因就是物的不安全状态和人的不安全行为。虚惊事件,是指未造成伤害或损失的状况,它可以为我们提供很多有关风险的信息。

据此,从动态的角度分析可以认为,心理风险同样经历一个演变的过程:心理风险状态→心理风险行为→心理风险事件→心理风险事故(具体演变过程见图 2-2)。

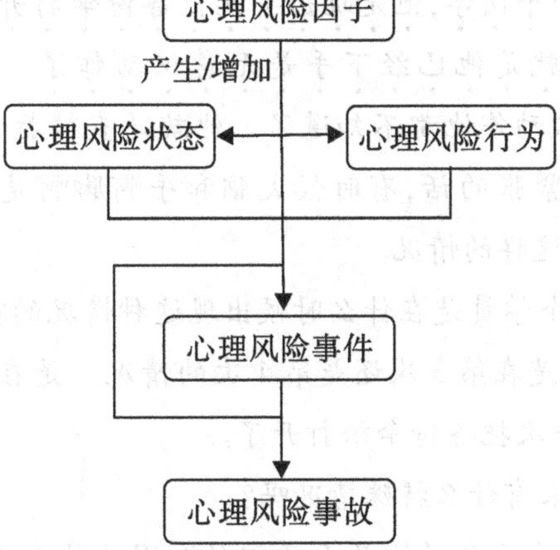

图 2-2　心理风险演变过程

心理风险因子是作为诱因存在的,它的产生或增加都可能改变心理风险的进程。心理风险状态对应的是人的内在的不健康心理状态;心理风险行为是指人的外显的不安全行为;心理风险事件主要包含两种情形,一是由于人的不良心理状态导致的技能受损、战斗力下降的情形,二是由于人的不安全行为导致的虚惊事件;心理风险事故主要是指由于心理原因导致的生命财产受到损害的严重事件,或者是自然社会因素造成的心理危机事件。心理风险事件和心理风险事故都可能带来危害或损失的后果。

(一)心理风险状态

青年官兵在成长进步中,面临着一系列重大人生课题,如环境适应、身份角色转换、人际关系协调、知识积累与更新、智力潜能开发、恋爱与婚姻等。许多愿望和期待,由于主客观条件的限制,不可能都如愿以偿。伴随着愿望的落空,将可能出现失望、悲观、烦恼、焦虑、怨恨、孤独等情绪状态。这些消极心理体验长期得不到缓解,官兵就容易出现不同程度的负面心理反应,影响其正常的训练与生活。此时,官兵即表现为心理风险状态。

受访者 X10 谈到了身边战友在跳伞时由于高度紧张而出现不自主地把备份伞打开的情况,这就是一种心理风险状态。

> I:那你们在跳伞中也有这种紧张得不受控制的状态吗?
>
> X10:是的,会有的。因为我有时候就跟同学聊天,当时有一次跳伞,也是有一个同学,他是跳出去就把备份伞打开了。但是他不知道打开了。就是他已经下手是无意识动作了。他就是无意识了,手上是什么动作他都不知道了。他就是直接打开了。所以说,跳伞还是高度紧张的话,有时候大脑和手啊脚啊是没法配合到一块的。会出现这样的情况。
>
> I:你讲这个学员是在什么时候出现这种情况的?
>
> X10:好像是在第 3 次还是第 4 次的情况。是在×××(地点)跳伞的时候,有一次把备份伞给打开了。
>
> I:那他下来有什么特殊情况吗?
>
> X10:……为什么说他是无意识的?因为他伞开了之后,另一个手还是抱住的。一个手是抱住的,另一个手是把[备份伞]手拉环给拉开了。在开伞的过程中,他是一直抱住的,备份伞是没有开

的。当他打开操纵带的时候，就是伞完全开了之后，他发现备份伞已经打开了。就是这个时候才发现的，主伞是正常开的情况下。

I：就是说他的备份伞虽然开了，但是没有工作。

X10：对。

I：那他没有出现险情。

X10：但是他的伞开了之后，在空中是没法把它弄回去的。他要操纵的话，就必须把备份伞全部放掉。在下面的人还是能看得见的。就是他跳出来的一瞬间，到主伞开的这段时间，是看不出来他备份伞是开的。后面没办法，他要操纵，他必须把备份伞放开。然后这个伞就掉下来了，那别人就看得见了。

I：不是说有时候备份伞打开之后会对主伞有干扰吗？

X10：它没充气呀。就是主伞开了之后，他把备份伞抱成一团，夹在脚下，就没有工作。基本上也没有影响，就相当于底下掉了一团布一样的。

根据研究，当一个人具备不安全行为的心理状态与发生事故的危险因素组合在一起时，就会导致事故的发生①。赵彦峰指出："空降兵训练强度大，具有复杂性、高节奏性、艰苦性和危险性，容易引起心理紧张度增高，进而出现心理适应不良，暴露出心理健康问题②。"从研究的情况看，人的心理风险状态既是发生事故的初始原因又能影响其心理健康状况。

（二）心理风险行为

研究表明，一个人的心理和行为应当符合群体公认的道德规范和行为准则，如果不相符，那么这个人的心理就被认为是异常的。所谓心理风险行为，就是指由于人内在的心理冲突等原因导致特定危险情况可能性增加的行为。

受访者 X32 谈到一名战友因为紧张扒机门而没有能够按要求跳出机

① 伍赔，刘义军，伍姗姗．安全心理与行为培养[M]．武汉：华中科技大学出版社，2016：115.

② 赵彦峰．空降兵心理健康状况调查分析[J]．航空军医，2009，37(4)：144-146.

舱,从而导致后面人员出现了一些紧急情况,受访者本人也受到影响而耽误跳伞,最后是坐飞机下来的。

X32:[他]肯定是害怕了,就把后面有点耽误了。他就这么一耽误,大概停了两秒钟的时间。两秒钟算时间比较长了,他反应过来了,他下去了。我前面那一名,有点摔倒的样子。因为停了两秒了,教员的意思是我们所有后面的都不让跳了,但是他就自己跳下去了。扒机门这个犹豫,教员就抓他,一抓他就把后面那个带倒了,后面的撞我,我就一屁股就坐地上了。然后,他俩都跳出去了,我没出去。

I:那次你们有几个没有跳出去的?

X32:就我自己,我是最后一名。就我前面一名比较危险,他出去的时候一点姿势都没有,就骨碌着出去一样,呵呵。前面的那个小伙比较勇敢,不管啥,就跳出去了。我这一下子坐地上了,也就来不及了。

I:后来,你跟前面那两个聊过吗?

X32:聊,肯定聊,因为都是同学。前面那个说,他稍微有点紧张了,他就不敢下了。我前面的那个,就是扒机门的碰了他一下,其他也没有什么影响,可能就是中间时间稍微拖得长了点。大飞机[离机]正常间隔0.8秒,他相当于停了能有3秒钟的时间,他才出去,他也是急急忙忙地出去了。

I:他俩出去进场了吗?

X32:都差不多,都进场了,基本上也都是在场边上。

令行禁止是革命军人长期养成的作风品质,在行为上行了令、止了禁的同时,心理上是否能做到自觉自愿,如果心理上是抵触的,而行为上还必须这么做,就容易产生心理冲突,出现心理问题甚至心理疾病。另外,心理素质不过硬也会导致一些风险行为的发生。简单地说,心理风险行为就是由于心理原因导致个体出现了违背安全规范的行为,这在空降兵军事活动中时常发生。

(三)心理风险事件

这里所说的心理风险事件并不直接对应着风险事故。从后果论的角度看，心理风险会有两种结果，一种是带来损失的，则为心理风险事故；而另一种是没有带来损失的，则为心理风险事件。

受访者 X37 谈到自己当指导员期间一名战士延迟开伞的事儿，虽然没有出现受伤的情况，但还是对个人产生了很大的心理冲击。

X37：我见到过别人的一个情况，是什么呢？也是 11 年，跳大飞机，我是指导员，我带队跳，我们这一架次里面，我是第 1 个，[他]大概是第 6 个，那个兵叫×××（名字），我印象很深，家是×××（地名）的。出去之后，因为我们是最先跳，我们就落在最下面，人就往上看，就看他一直往下掉、往下掉，他的伞也是一下子开伞，他的伞开了之后就是往旁边走了。当时的情况是，他的伞也是延迟，延迟之后他应该是有反应了，他意识到是有特情了，他伞开了之后，他的意识就有点模糊了，就不知道怎么操纵了，好像就是随风飘的感觉一样。下来之后我就问他，你怎么飘到那边去了，他说，也是有点怕，当时就是有点神志不清的感觉。像这种情况，下来之后就很激动，觉着自己还能活着回来，很激动。

I：就是虚惊一场，吓一跳。

X37：对。也不算是虚惊吧，也是有情况。我当时就看他一直往下掉，当时我心里凉了半截。我心思着这下完了，出情况了。

I：他有啥影响吗？

X37：他没啥影响，他后来过了一段时间平复之后，因为我们大飞机只跳一次，就没什么情况了，任务也完成了。

I：就是相当于只跳一次，然后就结束了。按照他的情况，如果后面再跳，他有可能，是不是就……

X37：肯定要把关啊。

I：把关就不要他跳了。

X37：对。

I：你觉得对他个人有影响吗？你跟他聊过吗？

X37：他当时肯定是有影响。那个小伙子都哭了，那肯定是心理波动非常大。但过段时间之后，因为任务也完成之后，也没啥了。特情也不是很经常嘛?!

心理风险事件往往会给人虚惊一场的感觉，亲历者既感到幸运又觉得后怕，这样的事件往往具有警示作用，成为事故的前兆。从访谈情况看，这类心理风险事件其实就是预警的信号，应该引起足够的重视并采取相应的措施来防范，否则就会出现“反海因里希法则”的情况，也就是觉得事故苗头有很多、这次不会有什么事儿，所以危险不会发生在自己身上的一种不良心态。

（四）心理风险事故

风险事故是指风险的可能性成为现实，以致造成人身伤亡或财产损害的偶发事件。风险事故发生的根源主要有三种：①自然现象，如地震、洪水等；②社会政治、经济的变动，如战争、暴乱等；③意外事故，如汽车相撞、失足跌落等。前文已经提到，研究认为，很多事故的发生都是由于心理原因导致的。心理风险事故是与风险事故相联系的，强调人的心理因素在风险事故中的作用以及风险事故对人心理产生的影响。

受访者 X21 谈到两名跳伞员两伞相叉出现交替失效，最后导致两人都有不同程度受伤的情况。

X21：有一次，是保障×××（名称）队，当时我是在中心点，就是我一个人，首先是投放小件，然后又跳伞。紧接着就是两名跳伞员两伞相叉，六七楼这个高度，两伞一相叉就下来了。当时我看着也是看得心惊肉跳的，立刻跑过去，那个人就这么被伞盖着下来了，伞掀开后，他整个人是怎么也动不了的，腰就受伤了吧。两个伞交替失效，还有一点点充气，下面那个伤得更重，就像踩了他一样的。

受访者 X3 谈到多年前一起因为违规去掉拉绳弹簧钩而导致的跳伞亡人事故，教训非常深刻。

X3：01 年，有新兵家长去部队，看他跳伞，带着照相机啥的，原来时候照相机也少，不是人人都有照相机的，班长拿着在飞机上照相。[降落伞的]拉绳是连在飞机上，是要把你的伞拉开的。班长在机尾，他在前面，一扭头照相，这个拉绳老挡着脸……这是违反规定的，挂上去是不准取的，他把它取了就不挡脸了嘛。结果取了之后忘挂了，摔得死死的……

I：这太危险了，等于怎么也开不了伞了。

X3：那要是老跳伞员，就打开备份伞了。主伞不开，数秒，到5秒，开备份伞就行了。新兵，第一次跳伞，是傻的，脑子是空白的。第一次跳伞，包括我们示范跳伞，谁知道伞开不开呀？没有经历过。

心理风险事故的发生使得潜在的心理危险或心理危机转化成现实的损失，造成了比较严重的后果。这往往成为部队的典型案例和深刻教训，对后来人发挥着警示教育的作用。正如古人所说，“前车之鉴，后事之师”。每一起事故，都可能是一次血的教训，都是在给人敲响警钟。分析研究这类事件，对于做好心理风险管理工作具有借鉴性的作用。

三、空降兵心理风险的效应分析

在英国，单单由于心理社会风险造成的海洋事故费用在2010年估算的结果就高达250亿欧元。2011年底，某部组织心理专家，历时两个多月，开展了一次基层官兵“万人心理问题大调查”，结果显示：基层部队近12%的官兵存在不同程度的心理问题，每年因心理问题引发的事故案件达数十起，投入心理问题医疗经费近千万元。受访者X5直言不讳地说：“本来跳伞就是一种高风险的运动，也是勇敢者的运动。目前，空降兵在跳伞过程中出过很多事儿。”从后果论的角度分析，心理风险因子并不一定会导致风险事故的发生，但是心理风险信息具有不对称性、非即时性和不完整性的特点，导致了心理风险能够产生蝴蝶效应、全程效应和弥散效应。

（一）空降兵心理风险的蝴蝶效应

蝴蝶效应是美国气象学家洛伦兹（Edward Norton Lorenz）于1963年发现的。为了预报天气，他用计算机求解仿真地球大气的13个方程式。为了更细致地考察结果，他把一个中间解取出，提高精度再送回。而当他喝了杯咖啡以后回来再看时竟大吃一惊：本来微小的差异，结果却偏离了十万八千里。于是，洛伦兹认定自己发现了一种新现象：“对初始值的极端不稳定性”，即“混沌”。他又把它称为“蝴蝶效应”：亚洲蝴蝶轻拍翅膀，将使美洲几个月后出现比狂风还厉害的龙卷风。

在访谈中,有两名受访者 X1 和 X3 都谈到了八一跳伞队一名女兵的故事。

> X1:那时候传说,这个事情是八一跳伞队的事情。在×××(地名)跳伞。她本身是×××(地名)的,她父母都去了,是个女孩子。她讲她父母没见过她跳伞,父母都去了。去了,看看自己姑娘跳伞了。结果那天,他姑娘伞没开。你说她一个老伞员,她跳了多少次伞,八一跳伞队的你想她跳了多少次,上千次。主伞没有打开。你说作为一个老伞员,主伞没打开,备份伞是不是应该打开?结果备份伞她也没打开。就这样,咵……摔下来,摔到地上。唉,没用的,摔下来,当场就死了……你说她这个情况,她是个老伞员,去一看,……她的方法不对,咳……她一直在扒伞,拉[备份伞]伞衣,伞衣都拉出来一点了,但是她的方法不对。方法对的话,身前有个拉环,一拉,嘣就开了,很简单,就像什么呀,嘣就开了。她就……因为长期不使用备份伞,猛一下出现这情况,你别看她是老伞员。
>
> X3:八一跳伞队还摔死一个人,在×××(地名)。八一跳伞队吧,女队的,一个小队员。她是怎么摔的呢?原来跳的是×××(飞机),主伞在后面,备份伞在前面,跟我们现在跳的一样。她主伞不开,要打开备份伞,备份伞的手环在右边,那个小姑娘是左撇子。主伞没开,正常的只要两个动作,一个先把主伞飞掉,因为没开就不要了,把连结的地方拉掉就脱离了,就可以正常地打开备份伞。她是左撇子,飞掉主伞之后,她左手去拉,抠几下没抠着,她就急了,她就把那个[备份]伞撕烂了。那个伞包多结实,她把它撕烂了,把伞掏出来一点,没掏出呢,落地了。她这个是左撇子。

生活中常说:“差之毫厘,谬以千里”“一着不慎,满盘皆输”。受访者谈到的这名女跳伞员,可能是因为长时间没有出现过险情,一直没有使用过备份伞,当出现主伞不开的特情时没能很好地处置,最后酿成惨剧。这是空降兵心理风险的蝴蝶效应的一个典型事例。

(二)空降兵心理风险的全程效应

因为社会现象是不断发展变化的,那些不稳定的因素也在不断地相互影响,所以在不断向前推进的时间维度里,前一个事件的后果可能成为下一段时间内一个事件的原因。有时,事件对人心理的影响具有时间上的滞后性。刘胜军对空降兵的调查研究发现:“一年老兵的心理健康状况不如新兵跳伞员,说明跳伞训练结束后跳伞员心理健康未能及时康复,且因生活和工作中的其他应激因素的影响使跳伞员心理健康状况进一步变坏[①]。”心理风险的影响会随时间的变化而发生变化,同时这种影响也可能会在事件发生的不同阶段(事前、事中、事后)进行显现,表现为心理风险的全程效应。

受访者X40结合自己的亲身经历谈到跳伞对自己心理影响的变化过程。

X40:因为去年来[空降兵部队]的时候是比较紧张的,我算是有1年的铺垫,来之前也有人给我说过,所以,来的时候心态还比较好。一直到飞机上的时候,我感觉比较紧张吧。就是快要离机的时候比较紧张。因为天气挺好,出去之后,哎,我就感觉还挺好的,也没有太大影响我的东西。降落伞也挺好,也不怕,当天如果是跳第二次的话,我都能跳。到第二天的时候,我就放下一些防备了,结果第二天风很大,结果我就摔了一下,在落地的时候。我是排在后面的,所以就飘到很远,就是离开着陆场了,然后就摔了。摔了之后,那次就特别害怕嘛。下来之后就一直调整不过来,就一直害怕。

I:晚上睡觉还好吗?

X40:睡觉还没有太影响我,就是当时下来之后,集合回去的时候我就一直心态不是很好,就是挺难受的那种。他们就一直在给我说说说说,包括那个伞训班长也在给我说(开导),帮我调整心态,说他们的经历。我就一直调整不好。然后,回寝室就跟我的这些小姐妹在聊这些事。

…… ……

X40:第二天我就很快就打开了,结果风很大,我就飘过着陆场

① 刘胜军.跳伞训练对跳伞员心理健康的影响及其危险因素研究[D].广州:第一军医大学,2004.

了，那天需要他（对空广播员）指挥我的时候，他又没有找到我。我就因为这个事情，我就觉得自己在空中特别无助的那种。到了低空我飘过指挥车的时候，他说他还没有找到我。我当时就很难受，因为都已经飘过去了，而且风速特别快。飘过收伞站的时候，我看已经有好多人坐着了，我从他们前面飘过。他们说，哇，又有一个人飘过来了，我都听到了，但是我没办法，因为我刹不住。我又差点掉水塘，又飘过了树，前面又是板房，结果那天就摔下来了嘛。最后摔到菜地里，还好一点儿。眉骨那儿擦破一点点。所以，就造成自己特别害怕。

受访者 X40 的跳伞心理呈现这样的变化过程：事前紧张→调整适应→登机紧张→安全着陆→放松警惕→落地摔倒→事后害怕→再调整适应。这个过程是逐渐发展演变的，而且心理风险的影响在跳伞活动的不同阶段都会有所表现，这就是心理风险的全程效应。

（三）空降兵心理风险的弥散效应

弥散效应，原是指一种物理学现象，这里是想说明心理风险所造成的弥漫消散性影响。心理风险的影响面大，既具有广泛性又具有不确定性的特点。心理风险的不确定性主要体现在其影响在空间上的不确定性、在事件上的不确定性和在损失程度上的不确定性。跳伞事故的发生常常多因素叠加的结果，正像受访者 X11 所说："人家说，出事儿都是有原因的，所有的环节扣在一块儿就会出问题。你像我们原来跳伞地面动作，叠伞，教员在登机之前有三道检查线，要检查各种因素，你只要有一个环节把握好，它应该不会有什么问题。几个环节扣在一起，地面动作没练好，叠伞教员再标准低一点，你自己再紧张一下，上了飞机也没再发现，几个问题搞在一起，那肯定会出问题。……哪个环节撇开，它都不会有问题。"研究发现，世界上最高明的专家对自杀倾向的预测准确率也不过跟扔硬币差不多，这很能说明心理风险的不确定性。心理风险正是具有这样的弥散效应。

受访者 X4 谈到了自己中止跳伞以及一名战士跳伞出事的情况。

X4：到什么时候我才没跟着跳呢？到 09 年，那一年是跳 8 次，我跳 4 次之后，第 4 次是跳夜伞，……之前都是全部跳满，那年跳了

4 次之后，自我感觉不好，后面 4 次我就没跳。就是怎么讲，常在河边走，哪有不湿鞋？原来都是信心满满，也就是做个示范，也没有想多的，作为一个主官，你必须这么干，你想也不用想。但是，那次跳了之后，那个感觉跟连长一说，……连长说，好，那你别跳了。我后面想，也行，也不用坚持这东西。你说，咱们都是相信科学的，都是无神论者，对吧？但是也确实出现了不太好解释的一些事情、一些现象，这从科学角度也是讲得明白的。本身你在心虚之后呢，你的动作呀各方面更容易导致出现差错。这也可以解释的，也不是完全迷信呀什么的。干其他的事儿也是，今天感觉不好，就不出去了。……这个人呢，不是我们连队的，名字我记不住，但是他跳大飞机，头是碰到机舱外壁……[死了]。当时的定性，是×××(领导)过来定性的，定性的是极其罕见的非责任事故。查不出原因来，因为是跳大飞机，碰到机舱外……壁，确实很奇怪。奇怪的还不在这里，奇怪的是这个人……跳到后面了才跳大飞机的嘛。我们的架次是头一天晚上宣布的，这个小伙是伞训教员，也就是第二年进入上等兵的时候……他是被选为伞训骨干。有一个伞训教员，另一个相当于助教之类的，……就这么一个人。也就是除了他跳了 8 次伞之外，他还是参加过×××(名称)队的，也就是以后他会成为正式的伞训教员。头天讲，排来排去。一般情况下，这个架次要排满了。跳 30 个人吧，哎，缺一个，这不合适，所以要补一个人进去。就要把这个小子安排进去。就像我们连队，缺一个，那就是，哪个班长，那你去跳。……反正就是要把这个架次补够，就是这小子。找到他的时候，这哥们说，唉，我真的不想跳。不想跳就不跳呗，就换个人呗，是吧？他也换了，去问了别人，别人可能有其他原因，又绕回来，说，再找不到人了，你就去跳一次。就去了，第二天就出事儿了。这个过程是很奇怪的。

受访者 X4 结合自身经历以及一个典型事故讲到了空降兵心理风险所产生的不确定性的影响。他自己是因为感觉状态不好而中止了跳伞。而一名战士则可能是因为准备不充分，最终出现了意外的情况。这就是心理风险的弥散效应的表现。

第三章

空降兵心理风险的识别与预警

军事领域从来就是高风险领域，部队的安全稳定涉及诸多方面，例如军人的心理健康、人身安全、技能发挥以及部队内部团结与和谐，等等。军人的心理风险会直接影响个体的作战技能或集体的战斗风貌，从而对部队战斗力产生不良影响。因此，研究空降兵心理风险的识别与预警是非常必要的。外军对心理风险的研究十分重视，例如在瑞典军事心理学中，风险心理学已经走上前台。跳伞是一项公认的高应激、高致伤率的军事训练科目，训练时人体不可避免地长期暴露于高空环境中，会对跳伞员的心理产生巨大的冲击。已有研究表明：与平时相比较，新兵跳伞前 SCL-90（症状自评量表）各因子得分均有不同程度的升高，其中强迫、抑郁、焦虑、敌对、恐怖、精神病性因子分及总分明显升高①。对空降兵而言，心理风险是涉及其心理诸多方面的集合，它是一个复合型概念。从访谈情况看，心理风险的影响因子可分为三类：心理风险因子，心理保护因子和心理双向因子。

心理风险识别是主动查找心理风险的影响因子的过程。只有在全面了解各种心理风险因子的基础上，我们才能有效预测这些风险因子可能造成的危害，从而采取针对性的应对策略。预测危害其实就包含风险预警的过程。“没有事故查苗头、没有苗头查现象、没有现象查思想”被称为“军营版海因里希法则”，这三句话告诉我们：事故的发生不是不可避免的，也不是不能预防的，只要从细微处着手，从源头抓起，做好任何一个环节的防范工作，就能预防和减少事故的发生。“军营版海因里希法则”深刻反映了部队对识

① 陈良恩，张晓丽，安瑞卿，等. 空降兵新兵跳伞心理应激水平与心率变异性的相关性分析[J]. 西南国防医药，2011，21(2)：117-119.

别和预警安全风险的高度重视，这也是从预防的角度进行工作的一种体现。可以说，空降兵心理风险识别与预警是心理风险管理的基础性工作，从心理风险管理超前性角度来看，这是最重要的工作。

一、空降兵的心理风险因子识别

心理风险因子，是与人的心理状态相关联的无形因素，是因为人们存在毫不在意、漠不关心、侥幸麻痹、紧张焦虑等心理，从而导致风险事故发生的概率增加和损失幅度提升的因素。空降兵心理风险因子是指造成空降兵部队战斗力下降可能性增加的个体或集体心理因素。石岩和吴慧攀通过量表调查研究发现，从运动员参赛心理风险和运动员心理技能定义出发，界定各种运动员参赛心理风险有：①情绪风险；②动机风险；③注意力风险；④自信心风险；⑤协调能力风险[①]。同样地，空降兵的心理风险因子也是多方面的，从访谈情况看，主要需要识别九大心理风险因子。

（一）工作动机因子识别

动机是引起个体活动，并维持和促使该活动朝向某一目标的内在动力。工作动机是一系列激发与工作绩效有关的行为，并决定这些行为的形式、方向、强度和持续时间的内部和外部力量。史迪尔斯（R. M. Steers）和波特（L. M. Porter）认为，工作动机有3个主要功能：①产生出某种行为所需的内在力量；②为人们的行动指引方向；③使人们持久地从事某一行为[②]。当前，空降兵部队官兵的工作动机趋于多元化，这会影响官兵个人的工作效率，同时也成为影响部队战斗力的重要因素。

受访者X33分析了当前新兵有着各种各样的入伍动机。

> X33：我也参加过接兵工作，现在的[新兵]入伍动机有很多。第一种，就是他自己愿意入伍，有自己的向往和目标，这是最好的情况，但是这种孩子到了部队还要考虑，就是经历过现实的冲击之

---

① 石岩，吴慧攀. 运动员参赛心理风险的理论建构[J]. 体育与科学，2009，30(1)：57-63.

② STEERS R M, PORTER L M. Motivation and work behavior [M]. New York: McGraw-Hill, 1975.

后你还能不能保持那颗初心？第二种是，自己没想那么多，家里就安排了，安排了就去。第三种是，他思想一直在变化，想去了又不想去了，不想去了又想去了。第四种，就是他比较抵触的，这种的话，在退兵中就占了一大部分的。比如说，思想退兵啊，他到了部队之后就是死活要走的那种。还有一些，就是自身利益驱使来部队，这种就很难去分析了。

受访者 X27 谈到了以前一段时期内部队的现实情况对官兵工作动机的影响，这又反过来影响着个人的工作状态和部队的安全稳定。

X27：我们确实赶上好时候了。这几年反腐力度这么大，不敢腐，做得比较好。但是来部队 3 年了，感触挺多。刚开始想好好干，后来看到的有失望的地方，包括看一些上级平级，好多时候部队的负面因素比较多。不是负面的内容，而是负面的思想。好多人抱着混、转业思想来工作，导致部队氛围暮气沉沉，好多同志在屋里待着，不管事，连队基本靠主官撑起来。到了副职以后，可能就把这个当作享受职位，没有实权也没有责任。之前团机关里面[吃]空饷的人还是挺多的，基本上在连队不怎么样的调到机关了，我认为这是不合理的。机关是指导下级工作的，好多不想干的人弄到哪儿去了，搞得上面下面都不好了。还是挺失望的，部队怎么这样，还能不能好好干了？加上我们部队干部太多，我们×××(单位)尤其严重，我们这一届加上一届接近 100 个排长。我们连队有 5 个排长，我们感觉上边基本没有位置，我们连 5 年的排长、4 年的排长、3 年的排长、2 年的排长都有，感觉没有什么希望。我要熬到什么时候才能熬出头，就是因为竞争太大。

工作动机能够激发一个人工作热情，适当的动机水平能够增进个体的工作绩效。如果工作动机不纯或者不正确，会直接影响到一个人的工作投入情况，进而降低其工作积极性和效率，甚至做出极端的事情。受访者 X2

讲到一个不愿当兵的新战士:"那时候有一个战士,是新兵,你想想他不想当兵意志多强烈,他把自己的手指头剁了,若无其事地走了。后来炊事班的发现案板上有一节手指,回来找[才知道是他]……意志有多坚强! 哈哈……就是不当兵。"这可以称为动机风险,它是指官兵对工作的心理准备不足,没有设立适合自身情况的目标,进而影响工作绩效或导致个人战斗力降低的可能性。

(二)情绪状态因子识别

我国古代有"七情"说,指的是喜怒哀乐悲恐惊这7种情绪状态。每个人都试图让自己的情绪能够针对合适的对象适时适所地表达,这就是情绪管理。一旦情绪管理失效,就会出现情绪风险,情绪风险是指官兵在日常的学习训练、工作生活的过程中,因为过大的心理压力而不能保持积极乐观的正向情绪,进而导致能力得不到有效发挥和自身战斗力降低的可能性。著名的耶克斯—多德森定律表明,各种活动都存在一个最佳的动机水平,动机水平不足或过强都会导致工作效率的下降。也就是说,动机水平可以分成三个阶段。第一阶段为动机不足,个体注意力过于放松,出现侥幸心理、麻痹心理等。侥幸往往源于无知和自负两种不良心理倾向,即:要么盲目乐观、心存侥幸,要么思想松懈、麻痹大意。第二阶段为动机水平适中,个体的状态良好。第三阶段为动机过强,个体长时间高度紧张、焦虑,就会出现认知资源分配失衡。这能够很好地解释情绪状态对工作效率的影响。对空降兵而言,情绪状态不佳的最常见表现有紧张、恐惧和麻痹大意等。

1. 紧张心理

紧张状态是身体对外界环境的一种本能反应。紧张心理是指由于精神受到外界强烈刺激或巨大威胁时,主体意识产生的一种心理体验。适度的紧张能提高工作效率,但长期或过度的紧张,会使人的心理失去平衡,使人的各种能力下降,从而影响到工作的顺利完成,甚至会发生危及安全的问题。

受访者X10谈到了自己在飞机上的紧张体验。

X10:我觉得应该是在飞机上吧。因为在飞机上,人是高度紧张的。有各种思想,从起飞呀,到真正的实跳是要待一段时间的。都是在飞机上,基本上人是有可能晕机的,不适应。第二个是心理紧张，跳下去会不会出什么情况呀，离机门啊，离机那一层风啊，加上有自由落体的感觉，就是有时候害怕这种感觉。那时候心理斗争是最复杂的。

受访者X29则谈到了紧张心理对人睡眠的干扰甚至导致失眠的情况。

X29：对，倒不是说完全睡不着，可能他到了这个……通过第二天转场的交流，有的人是到了晚上三四点钟才能睡着。有的时候转场，比如说从×××(地名)到×××(地名)机场那边转场就比较早了，有的时候凌晨两点或者三点半钟就要起床，那个时候就是一整夜睡不着。因为从晚上八九点钟就熄灯了，他一直睡不着，到两点钟可能才睡，两点半又起来了，这样他就基本上一夜没睡。这是失眠。

国内学者的一项关于跳伞训练的研究表明："60%的受伤战士情绪不稳定，过度紧张可能是出现跳伞训练事故的部分原因①。"过度的心理紧张，能对官兵的心理活动产生抑制和阻碍，感觉和知觉受到影响而不够精确、敏锐，记忆力不佳，注意力分散，思维变得迟钝和混乱，甚至失去自控能力，部分或完全丧失战斗力。甚至有人说："战场紧张症已成为削弱战斗力的无形杀手。"

2. 恐惧心理

所谓恐惧心理，是指因为害怕某些特定事物、特殊环境等而产生的难以克服的强烈紧张情绪。进化心理学认为，人类对特定事物的恐惧心理是在生物进化过程中形成的，大脑对这些事物的高度警惕就是恐惧心理的起源。恐惧心理对个体的行为和技能发挥影响巨大。据报道，英阿马岛之战，英军公布的因恐惧心理引起的精神失常人数占全部非战斗减员人数的2%，实际

---

① Shi W. H., Chang Y. M., Huang F. E. The characteristics of casuality in parachute training and the pshchological factor[C]// Asia Pacific Congress of Aerospace Medicine in Conjunction with Chinese Conference of Aerospace Medicine, 2008.

上可能达到5% ~10%。受访者X2说:“从心理状况来说,有些兵特别紧张,有些回来描述的是,因为飞机上风也大,他跳出来就没有睁开过眼。紧张、恐高,一直没睁眼直到落地。”空降兵跳伞时出现恐惧心理是比较常见的,也是很容易理解的,因为绝大多数人都有过恐高的体验。

受访者X37谈到了一名新兵因极度恐惧而出现误操作的情况。

> X37:第一个新兵在前面,第二个新兵在后面,后面的那个新兵在飞机上不小心就把伞碰开了。他就喊,教员,我的伞开了。我就让他把钩子取了到后面去站着去。他就把前面那个兵的钩子取了。前面那个兵就下去了,幸好前面那个兵还比较聪明,他把备份伞搞开了。就恐惧到这种程度。基本的一些规范他都忘记了,动作都不知道,都已经是变形了。

事实上,空降兵所涉及的军事活动是很多的,这些军事活动对人的心理是有较大的影响的,比如,受访者X29所谈到的实投实爆的情况就是如此。

> X29:胆怯在训练中还有一个体现是在执行实投实爆活动中。投手榴弹以及TNT的实爆,这两个是在每年的训练之中除了跳伞之外危险系数第二高的类型。我们在×××(名称)网的视频上可以看到,投手榴弹的时候都是要挖掩体和安全坑的,最大的安全隐患就是一紧张没有扔出去,环掉了,扔到脚底下,这个时候要跳到安全坑里。这个时候更多的就是紧张和害怕造成的。还有一个就是TNT,我们知道它的爆炸声非常的响,有的同志尤其是新兵他不敢去引爆TNT。但是实投实爆是每个新兵每个战士包括干部必须完成的科目,这两个也是产生心理问题的一个科目吧。

恐惧心理的存在不仅给官兵的身体和心理带来痛苦,而且会严重影响部队的训练、管理和作战任务的完成。施旺红、常耀明和皇甫恩对跳伞训练的研究表明:“随着跳伞时间的临近,伞兵紧张恐惧情绪剧增,跳伞前1天出现心理紧张恐惧反应的伞兵有3.5%,跳伞前的晚上上升到19.5%,上飞机前达到66.3%①。”当然，恐惧心理是可以克服的，戴尔·卡耐基(Dale Carnegie)说：“只要下定决心克服恐惧，便几乎能克服任何恐惧。”研究发现，初次参加实弹射击的官兵几乎是100%会产生恐惧心理，而参加两次以上的则只有60%概率有恐惧感，而参加4次以上的骨干只有在紧急情况下才会出现恐惧。的确，官兵的恐惧心理会随着活动的进程而有所变化的。

3. 麻痹心理

麻痹心理是指个体的安全警觉性差，自以为绝对太平，满不在乎、麻痹大意的心理状态。海因里希法则有个可怕的地方，在于人们往往以相反的思维接受它——不用担心，我已经经历了300多次，什么事儿都没有，就算出事，也不过是那29次轻微事故而已。如果对此毫无警惕性的话，早晚会发生无法挽回的灾难。受访者X35谈到自己盲目乐观出现麻痹心理而受伤的情况：“前几次的怕都属于天然的蒙的，那是一个新的事物。然后跳了几次没事就属于盲目乐观，没事不害怕，摔了一次之后，后边这个才是真的知道怕。”

受访者X3结合自己开车驾驶的生活经验，讲了自己因为麻痹心理而导致跳伞扭脚受伤的经历。

> X3：老兵跳伞就怕麻痹。前面不是说嘛，任何事你都要出一点，不出一点你都不知道。不管是什么，你出一下，以后绝对不会再出现了。我后来跳着跳着就麻痹了。那时候不是站着嘛，站着牛嘛！着陆了轻轻一站，很牛，没摔着……有一次，看着都是草地，也比较熟练，快到了，我两腿一分，没按要求把两腿并紧，啪一下就扭脚了。啊哦，以后再也不敢大意了。有句话，常在河边走，哪有不湿鞋……有时候你的一个麻痹，问题就出现了。就像开车一样，你刚买辆车，拐弯的时候就跟另一辆车刮在一起了，那时候正是刚开了几个月，感觉开车有啥难的，就有点麻痹了。麻痹了就给你出个事儿。10次事故9次快，还有1次没看见。麻痹了，就没有往左右看。……大部分人都有点麻痹心理，就会出现……你在上飞机之

① 施旺红，常耀明，皇甫恩．跳伞训练不同阶段应激反应表现特点的研究[J]．中国行为医学科学，2002，11(5)：576-577.

后,脑子要高速地转。你脑袋不转了,麻木了,就出事了。

人们出现麻痹心理主要有四个方面的原因:一是由于长期从事同一项工作,觉得自己已经积累了比较丰富的经验而丧失戒心;二是由于工作的单调性、重复性,人们习以为常、司空见惯,面临危险时熟视无睹、无动于衷;三是注意力不集中,未能及时发现异常现象,一旦出现意料之外的情况就束手无策;四是由于工作责任心不强,抱着无所谓的态度得过且过。麻痹心理容易让官兵产生思想上放松警惕和行为上随心所欲,缺乏应有的紧张度而心理松懈,会对违规行为不在意而逐渐发展为胆子更大、频率更高的违规,最终会酿成比较大的危险后果。

空降兵所从事的军事活动大多具有“三高”(高速度、高强度、高危险性)特点,对青年官兵而言往往应激性强、风险度高,这种特殊的工作,给空降兵部队官兵带来了一系列的心理变化,容易出现心理负荷增大、情绪不稳定等不良心理反应。孙乾认为,“在跳伞训练的不同阶段,士兵们会表现出各种形式的负性情绪,如焦虑、抑郁、恐惧等[①]。”高玉宏、张武生和沈艳萍指出,通过对近年来跳伞训练实践数据的分析研究,发现跳伞不良心理安全风险都集中体现在跳伞实施阶段,紧张、恐惧和“后怕”等不良心理发生可能性及后果严重性都较大,而紧张和恐惧在预先准备和直接准备阶段没有明确的体现[②]。这些研究印证了情绪风险在空降兵部队官兵身上是存在的,应该受到足够的重视。

(三)个性特征因子识别

俗话说,人上一百,形形色色。对基层部队来说,青年官兵有着各种各样的性格特征。一些人的不良个性特征往往成为一种风险性的因素。过往研究显示,不良的个性心理,常常是酿成事故与人员伤亡的重要原因[③]。与

---

① 孙乾.空降兵空降训练损伤与知识、态度与信念及行为(KABP)研究[D].扬州大学,2006:38.

② 高玉宏,张武生,沈艳萍.跳伞不良心理风险评估与管理对策[J].空军军事学术,2014(4):123.

③ 伍培,刘义军,伍姗姗.安全心理与行为培养[M].武汉:华中科技大学出版社,2016:42.

此相对应,科纳姆(R. Cornum)、马修斯(M. D. Matthews)和塞利格曼(M. E. P. Seligman)研究认为,“在复杂多变的环境下,有着良好个性心理特征的战士更容易发挥出更大的作战效能①。”

受访者 X31 谈到一名有自闭倾向的战士,他会有一些比较偏激的想法,这本身是存在风险隐患的。

> X31:他(士官)给我感觉从小就是有点自闭症,不爱说话。我跟他接触的多了,带他看病啥的还能跟我说一说,然后他就活跃好几天。一旦有什么事,如果连长批评他了,那立马就沉默好几天,天天往那儿一坐一呆,也不说话。有些东西他想不开。比如,有一次投手榴弹,我就感觉他那几天状态不对,因为投弹属于危险科目,我说:连长可能考虑不让你投。也可能是我当时处理方式不对,他当时就自己坐在那儿生闷气,生着生着就跟我说:他要是不让我投,我抢个手榴弹炸死他。我一听赶紧找了两个班长,带过他的,我去做工作,他俩去做工作,做不通,他就是生闷气,坐在离我们很远的地方。我说,这绝对是心理问题。最后连长想,他既然来了,还是个士官,新兵都来了不让他投也不合适。[他]一投完之后又变了个人一样,高兴得很。好几次,休假因为改革而停止休假,因为这个事生闷气,他住我上铺,每天晚上睡不着,翻来覆去、翻来覆去,肯定不是思想问题。他给人感觉就是钻到牛角尖儿里出不来,跟他聊聊天他好一点,一没人管,他感觉没人关注他立马就回去了。当然,从本质上讲他是个很本分的人,只要是他自己能做好的肯定要做好,但是给我感觉[他]有自闭症[倾向]。他同年兵都反映,他不怎么跟同年兵玩。

杨军对空降兵部队新兵的研究发现:“恐高反应较重的新兵在人格上表现为信心不足、过分谨慎、善于内省、敏感忧虑及不太适应环境改变等,这些

---

① CORNUM R, MATTHEWS M D, SELIGMAN M E P. Comprehensive soldier fitness: Building resilience in a challenging institutional context [J]. American Psychologist, 2011, 66(1): 4-9.

特点有可能是恐高症患病的人格基础[①]。"受访者 X31 说:"下面(基层部队)有心理问题的也不多,大部分是比较孤僻、内向的,可能说情况有一些。"在基层部队,总会遇到个别"闷葫芦"个性类型的人,常常表现为孤僻、不合群,沉默、不多言语,整天闷闷不乐、郁郁寡欢。这种人遇事不愿意向别人倾诉,喜欢闷在心里,这样往往会陷入一种恶性循环:越封闭自己就越得不到别人的了解,别人越不了解就越容易产生心理上的隔阂,从而导致他的孤僻性格进一步发展。"闷葫芦"是基层部队常见的一种不良个性特征,除此之外,还有倔强偏执、好逸恶劳、意志薄弱、撒娇任性、尖酸刻薄等。这些都属于个性风险的范畴。

(四)心理压力因子识别

从心理学角度来说,压力(stress,也称为应激)是压力源和压力反应所共同构成的一种认知行为的过程。根据倒 U 理论,每个人都有一个最佳的压力水平,压力过大或者过小都不利于工作绩效(见图 3-1)。适当的压力有助于官兵保持警觉,具有积极的作用。而压力过大或者持续时间过长,会让官兵超负荷运转,从而降低个体的工作或作战效能,甚至使之失去作战能力;还可以瓦解士气,形成消极的氛围,甚至会导致拒不执行命令的情况。生活压力源主要有三个:生活环境的改变、生活上的琐事以及个人心理上的挫折与冲突。许多空降兵部队官兵都承受着来自移防、外出驻训演习、晋升和复转退回地方等多方面压力。

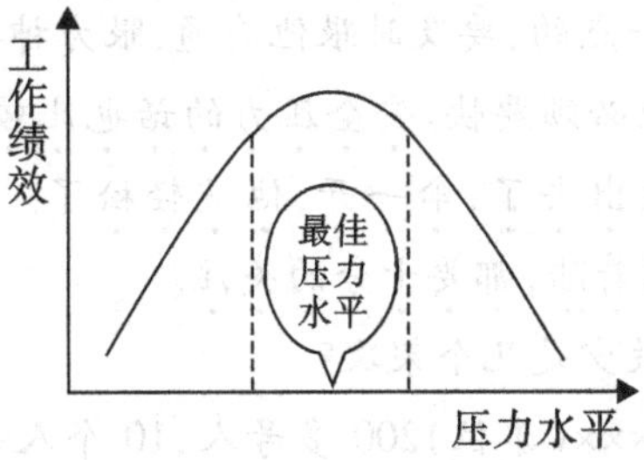

图 3-1　压力水平与工作绩效关系

① 杨军.空降兵部队恐高反应新兵心理行为特征的研究[D].西安:第四军医大学,2012.

刘胜军研究发现:“干部跳伞员跳伞训练前后心理健康状况变化大于新兵跳伞员[①]。”不单是在跳伞训练上,而且在工作生活中,干部尤其是基层主官都有非常大的心理压力,这反过来会影响工作效率,形成恶性循环。受访者 X8 谈到了自己当主官时工作上心理压力过大的经历:“心理,以前指导员开展思想工作的多,开展心理工作的还真不多。他自己也不懂啊,有时候自己也会心里头有……对呀,当主官哪个心理压力不大?当主官的心理压力不比战士的心理压力小,我敢这么讲。我当过指导员。自己心理都顾不过来,自己都疏不通,还怎么给战士疏通呢?想过这个问题没有?[……]当指导员,当基层主官,确实累,确实辛苦。每天有干不完的事,压力也大。”受访者 X39 说:“我感觉,做战士的心理工作比不上做干部的心理工作更重要。因为干部压力更大,做通了干部的心理工作,他就接触了怎么样做心理工作,他就会给下面的人做心理工作,这一套东西他懂了,最起码最基本的流程他知道,他也会重视。如果干部这层都没有重视,你跟他讲再多的方法,他也不会去用。”

受访者 X12 讲到自己担任对空广播员这个特殊的角色,自己的工作压力相对较大,远远超过伞训教员(投放员)。

X12:从 12 年开始就担任对空广播员。在下面指挥跳伞,在着陆场这块儿压力可能稍微大一点。因为对空广播员,一直要观察,一直要观察,多提醒,必须要眼观六路,耳听八方。

I:看到特殊一点的,要及时跟他沟通,眼力神要相当好。

X12:对,反应必须要快。安全压力的话也比较大。不像投放教员,本架次的投放出去了,伞一开,他就轻松了。像我们对空广播员,从他们离机到着陆,都要十分的关注。

I:每次跳伞最少是几个架次?

X12:像我们×××(单位)200 多号人,10 个人一个架次,那就要几十个架次。

I:那要是上午跳伞,一干就要三四个小时。

X12:对对对。反正就是从第一个跳下来到最后一个人,就要

① 刘胜军.跳伞训练对跳伞员心理健康的影响及其危险因素研究[D].广州:第一军医大学,2004.

不停地提醒。

受访者 X13 谈到担任伞训教员带新兵也有很大的心理压力，会影响到自己晚上的睡眠质量，心理压力无法排解很难受。

X13：嗯，现在我当教员，自己跳伞越来越少，感觉都不是自己经历的。假如说上去跳，我能保证我自己的安全，我可以这样做保证。但是让我训练一批新兵，让他们上去跳伞，我感觉我身上压力特别大。包括我们部队现在也在搞伞训，几乎每天晚上我都没怎么睡好觉。睡不好，第一，训练成绩上不去，人心里总是很不安的那种感觉，没有一种很踏实，所以说身上的压力也特别大。并且，跳伞它存在一定危险系数，这一点不定因素在一定程度上影响……压抑，压抑在自己心里，有点难受，这种感觉。

受访者 X27 和 X33 不仅说到了现实的经济压力，而且还谈到了因为自己对家庭的愧疚感所带来的心理压力。

X27：我的首付都是在自己计划之内的，压力挺大的。现实的压力，不光是我，其他人的压力也都很大，买房的压力、晋升的压力、家庭的压力。结了婚的很多一年跟孩子也就见过几面。回来跟我们聊天，也都是说，对不起孩子呀，孩子在那儿哭的闹的不让爸爸回来呀。说得我们心里边也很难受。以前我的老领导，老婆生孩子的时候他都不在身边，而且就在×××（地名），我们部队在×××（地名），他们在×××（地名），都不能回去照顾。这也是面临的一个现实问题。

X33：我们干部也好，这些老兵也好，他们面临生活的一些现实考验的时候，难免都会有思想上的波动。这个都是没有办法的，因为部队的这种职业的特殊性吧。一味地讲究奉献啊，讲这些的话，实际上挺扎心的。因为我们也有现实当中的矛盾，比如说，就像我们二次就业问题、我们的家庭问题、子女教育问题……其实待遇的话，如果仅仅说我们个人来讲，其实是挺好的，我个人来讲我觉得干部待遇已经蛮好的了。但是如果你把这种待遇放到一个家庭中来讲，你的这个能不能支撑你的家庭？这个问题。我之前一直……我的观念啊，我自己接触到的一些信息，现在社会上的，就是说，平均收入水平同龄的除了一些比较高薪的，因为分段比较明显嘛，可能在五六千、六七千，那就应该是在中等水平，至少在中等水平上，甚至比中等水平还要高一些。但是问题在于，我们高出的这一两千足不足够抵消你长年不在家、对家里面没有这种实际的精神上的或者说是这种身体力行上的这种帮助和支撑。我觉得这个就差得很远了。所以就是说待遇本身不是一个直观的经济问题，有时候是一个综合的你家庭因素啊，各个方面因素，包括你这个心理上的愧疚感，就很多方面吧。

人不光要面对现实，也要面向未来。受访者 X18 谈到了未来的不确定性所带给自己的心理压力。

I：你对未来有啥打算？

X18：对未来，怎么说？如果还是从事这份岗位，还是像以前一样尽到自己最大责任，保证好安全，带好每一批学兵。

I：准备干多长时间？有预期吗？

X18：还真没有预期，看情况而定。因为我是去年才在×××（地名）买的房子，压力也是比较大。退伍也不是没考虑过。我从学校到部队，基本上跟地方没有接触过，感觉对社会没底气。

在第二次世界大战结束后一年，美国的精神科医生阿佩尔（J. W. Appel）和毕比（G. W. Beebe）的研究结论是，处于战斗状态下 200 ~ 240 天即足以使人崩溃，连最坚强的战士也不例外："每一个战斗时刻都将加诸沉重的压力在军人身上，而崩溃与否也与他们暴露在战斗状态下的强度与时间直接相关[①]。"美国心理学家劳霍姆-斯科特（Cheryl Lawhorne-Scott）和菲利普特（Don Philpott）甚至认为，战斗应激反应这个术语不准确，而"战区应激

---

① 赫尔曼. 创伤与复原[M]. 施宏达，陈文琪，译. 北京：机械工业出版社，2015：20.

反应”意义更广泛，考虑到了那些除了直接面对战争带来的生命威胁之外，同样会因为战争经历而出现问题的军人们的情况①。这凸显了军事应激的巨大影响，即使没有战争时也是如此，只是程度轻重略有差异而已。陈敦奇和吕奎认为，“随着军队现代化建设步伐的加快，青年官兵所面临的心理压力越来越大，导致心理承受能力明显减弱，严重影响了部队的全面建设和战斗力的提升②”。针对空降兵部队新兵的研究发现，“空降兵的跳伞应激可引起内分泌激素水平的改变，并对人的免疫系统产生一定的抑制作用③”。陈良恩、安瑞卿和张清俊等人以心率变异性（HRV）为测量指标研究发现，新兵跳伞训练的心理应激水平随跳伞进程呈规律性的变化④。总体而言，空降兵的心理压力主要体现在工作、训练、家庭生活、未来发展等多个方面。

（五）人际关系因子识别

人际关系就是人与人在交往过程中所形成的社会关系。良好的人际关系是人的基本需求，是影响个体心理健康的重要因素。事实证明，良好的战友关系会提高官兵对军事训练任务的满意度和兴趣。美军认为，亲密的战友情谊和官兵关系是美军战斗力的重要组成部分⑤。正是“官兵一致、民主平等”的官兵关系，让我军凝聚起无坚不摧的精神力量。对个人而言，人际关系出了问题，必然对其具有重大影响。

受访者X2讲到了一名战士因为失恋而喝农药自杀的极端事例。

X2：自杀的是怎么回事呢？……知道的情况是，这小伙是炊事班的，就是那个×××连（名称）的，炊事班烧火的。星期天外出，回

---

① 劳霍姆-斯科特，菲利普特. 军事心理健康指南：军人及家庭、社区手册[M]. 冯正直，祖霞，译. 重庆：西南师范大学出版社，2016：23.

② 陈敦奇，吕奎. 新形势下增强青年官兵心理承受能力浅析[J]. 空降兵，2015(1)：42-44.

③ 李强，张立新，陈娟，等. 跳伞应激对空降兵新兵心理和免疫、神经内分泌的影响[J]. 中国实用神经疾病杂志，2013，16(10)：6-8.

④ 陈良恩，安瑞卿，张清俊，等. 基于心率变异性的新兵跳伞训练心理应激研究[J]. 解放军医学杂志，2011，36(4)：405-407.

⑤ 贺岭峰，田彬. 军事心理学概论[M]. 北京：北京师范大学出版社，2016：58.

来之后，晚上看完新闻，人突然不行了，然后送卫生队。问他啥情况，小伙不说，按中暑来抢救。后来可能有点味道嘛，感觉他喝农药了，后来往医院送，就晚了，时间太长了。他下午就在外边买的农药，喝了，不知道喝了多少，晚饭还吃了，等看新闻[的时候]人不行了。原因是，跟家里联系的时候，家里有人跟他说，看到他女朋友在街上跟另外一个人比较亲密嘛。可能编了个别的理由，给连队请了个假回去了。他女朋友确实不想跟他在一块了。回来就是因为这，喝农药了。

从统计学资料看，军人的人际关系状况不容乐观。朱振华、张银玲和王静以某医学类军校学员为对象调查发现："有人际关系困扰者占比 33.6%，人际关系对睡眠质量有影响，人际关系困扰程度越重，学员的睡眠质量也越差[①]。"笔者在空军强军网等做网络心理咨询已逾 8 年的时间，在接触的心理咨询个案中，大部分都是关于家庭、婚恋、个人纠纷等人际关系方面的问题[②]。如果不能很好地处理好人际关系，长此以往会导致一个人缺乏自信心、过于敏感，从而产生心理健康的问题。甚至可以说，人际关系的失调是人心理上的最大失调，人际关系的困扰是人在生活中的最大困扰。

(六)创伤性经历因子识别

美国学者卡鲁斯(Cathy Caruth)在《沉默的经验》(1996)一书中指出，"创伤就是一个人对某一突发性或灾难性事件的沉痛经历，人们对这一事件的反应一般是延宕的、无法控制的，并通过幻觉或者其他闯入方式反复出现[③]"。与个体创伤相关联的是创伤事件，创伤事件是指那些严重威胁安全、破坏性大，引起个体社会地位或社会关系网络发生剧烈变化、引起灾难性反应的事件。经历这些创伤事件会给个体造成身体和心理方面的伤害。

受访者 X25 讲到了两名战士因为演习任务而受重伤的情况，这为个人

---

① 朱振华，张银玲，王静. 军校医学生人际关系问题对睡眠质量的影响[J]. 解放军预防医学杂志，2016，34(6)：919-920.

② 许闯. 网络心理咨询五步法[J]. 政工导刊，2017(7)：40-41.

③ Caruth C. Unclaimed experience: Trauma, narrative, and history[M]. Maryland: Johns Hopkins University Press, 1996: 11.

以及所在连队都带来了不少的困扰。

X25：我以前在一排的时候，有个战士，他是14年4月份因为演习任务，他跳下去摔伤了。他是个伞训骨干，之前都没有什么事儿，就是最后一次跳伞他腿摔折了。他从14年开始到16年底，他就不能进行体能训练，特别是跑步对他影响特别大。17年，就是现在他面临退伍，也就是这段时间，他也是责任心比较强的，他即使是练了这么久也就刚刚达到及格的成绩。万一考核那天发挥不好没有及格，如果单位以这个理由让他退伍，那就感觉很可惜了。他本来是一个很负责任的骨干，他现在骨干也搞没了。如果因为这个，你说他腿跑不快吧，这也是他一部分原因，他之前锻炼的稍微少一点。另外一部分原因，他腿本来受过伤，医生不建议他剧烈运动，恢复3年他才能进行剧烈运动，那你说这算谁的？另外一个，在连队执行任务受伤的，他是粉碎性骨折。他在连队因为受过伤，一些体能方面的活儿他就干不了，连队在他服役期间帮助他，也会力所能及地照顾他。这对他自己影响还是比较大的，他以前肯定是一个很优秀的人，要不然也不会参加演习。受过伤之后他的身体素质达不到以前的标准，他心里会产生落差，如果连队处理不好，他会对连队产生怨恨心理。或者说他这样都是连队造成的，连队应该对他怎么样，如果连队对他不好的话，他就会对连队产生怨恨。到年底评残的时候，连队肯定是给他积极张罗，给他整材料出证明啊，成功了还好，就怕不成功的，不成功的你让他退伍吧，他以后没有保障。他又不想那样子，他非要达到自己的心愿才会走，这就会成为一个隐患，而且这种事情还是普遍存在的。

“心理创伤”是创伤理论中的一个基本概念，指的是创伤事件给受害者心灵造成的难以愈合的心理损伤。心理学家很早就从大量的相关研究中发现，经历创伤事件的人中罹患创伤后应激障碍的比例平均为25%～30%。大多数官兵在经历战争、冲突、抗震救灾、抗洪抢险等场景时心理压力会骤然加大，部分官兵会出现急躁、恐惧、厌倦、抑郁等心理反应，约2%的官兵会出现较重的创伤后应激障碍症状。创伤后应激障碍（post-traumatic stress disorder，PTSD）是少数具有相对明确病源的精神障碍之一。在《精神障碍诊断与统计手册(DSM-5)》(2013)[①]中,PTSD的主要症状包括:侵入性症状,如创伤事件的闪回和噩梦;回避性反应,如回避痛苦回忆、思想或感觉;认知与心境的负性改变,如自罪自责的消极认知以及恐惧、愤怒和羞愧等消极情绪;还有易激惹、自毁行为、过度警觉和睡眠障碍等。空降兵担负着很多急难险重任务,跳伞活动也常常经历生死,他们经历和目睹一些创伤性事件的概率比较大,因此,他们是一群创伤性经历的易感者。

(七)团队氛围因子识别

团队氛围是每一个团队所具有的独特风格,是团队成员所共享的知觉。一个团队的内部因素和周围的环境因素,都可以渗入到团队之中并赋予团队相关事物以不同的特色,如同每个人都有自己的人格特质一样,每个团队都会有自己的特质,这就是团队氛围。积极心理学认为,一个人的情绪状态和心理状况,在很大程度上受到外部环境的影响。团队的内部氛围对个体的工作和生活有着重要影响。

受访者X39谈到因为管理偏“左”导致排里氛围紧张的情况,这存在着安全稳定的很大隐患。

> X39:给我的印象不是很好,感觉这个连队的管理偏“左”,太激进了。在我刚去连队的时候,……我分到了连队的3排,3排又是连队中作风最硬的一个。我刚到的第一个晚上,9点半熄灯,10点钟我回到班里边,连主官找我安排点事情,10点钟我回到宿舍,然后洗漱,10点半我躺到床上。当时班里边还没有人,我就在想:10点半大家都还没有休息,都在干什么呢?然后,我就听到俱乐部有声音,我就到俱乐部去看,就看到整个排在操练,它并不是说在打,就是在讲评,变相的惩罚。整个排的氛围特别紧张。我在×××(单位)待了3年,两年之后不是那么紧张了,最起码班长和下边的战士能够有说有笑,排里边的氛围能够活跃一些,就是好一些。我感觉,靠这种管理,班长休假了,班里边就乱套了。或者说,总有一天,矛盾激发到一个点,它会爆发。

① 美国精神医学学会.精神障碍诊断与统计手册(案头参考书)[M].5版.张道龙,译.北京:北京大学出版社,2014:125-130.

马克思指出："我们每个人都是更多地受环境支配，而不是受自己的意志的支配[①]。"团队氛围对个人来说是一种环境因素，也是一种精神力量。令人愉快的团队工作氛围是高效工作的一个重要影响因素，轻松愉快、相互尊重的团队氛围能够提高团队成员的工作积极性，能增加自我对团队的认同感，也能够激发个体和团体的创造力。团队氛围差很容易造成三种个体角色：受害者、坏人和无助者，受害者常常会过分自我保护和推卸责任，会抱怨一些坏人是罪魁祸首，而无助者会产生沮丧、失望、无力感等不良情绪。这样的思维方式会进一步加剧团队内部关系的破坏，从而陷入一种恶性循环之中。军队是个小社会，团队氛围对空降兵个体来说影响是巨大的。

（八）领导力因子识别

"火车跑得快，全靠车头带"，领导干部在单位建设中的作用至关重要。领导力是领导者的核心素质，是指在管辖范围内充分利用人力物力资源，以最小的成本办成所需之事，从而提高整个团队的工作效率的一种能力。简单地说，领导力就是调动所属人员的积极性为实现一定目标而共同奋斗的能力。领导力包含权力因素和非权力因素。刘澜在《领导力十律》一书中指出：领导力的关键不在于你"是什么"，不在于你"有什么"，而在于你"做什么"[②]。这实际上是在强调非权力因素的重要性。台湾学者孙敏华和许如亨把军事领导定义为："在军事情境中，长官与部属间的一种人际互动及为达成组织目标而共同努力的历程，基于职阶体系与价值规范下的一种行为模式，借以影响领导者与部属的潜在力量[③]。"这里特别强调了权力性因素的作用，这是军队领导力特殊的地方。笔者在访谈中发现，空降兵部队中领导力弱最常见的表现是领导责任心差、领导威信不足以及主官之间有矛盾。

受访者X31谈到因为主官尤其是连长责任心差，导致连队发展受到负面影响的情况。

X31：我们连队什么情况呢？连长是高干子女，有点儿关系，比

---

① 马克思恩格斯选集：第32卷[M]．北京：人民出版社，1974：559.

② 刘澜．领导力十律[M]．北京：机械工业出版社，2013.

③ 孙敏华，许如亨．军事心理学[M]．台北：心理出版社，2001：425.

较喜欢喝酒，慢慢把身体搞坏了，不想干了想转业，有的说他是升职，反反复复的，对工作也不管不顾了。指导员年纪也大了，马上到转业的最高年限了，所以说部队也不怎么管。刚好我们连，副连长和副指导员一个休假一个集训去了，没人。所以整个连队基本就属于失控状态。士官班长×××（单位）里面集训，管理这个层面就是失控。给了他（战士）一个机会跑了，一查，高利贷三四十万。最可恨的是，所有人都没有想到的是他找了4个上等兵，说把你的证件和身份证用一下办个东西，给别人说的是办个手机卡，或者是用一下办个证件啥的，其实是借的高利贷，拿别人证件作抵押，借高利贷。他把别人证件拿走复印一份再还给他，然后拿着证件带着这个人，说是帮他干个什么事。然后到门口，上等兵嘛肯定刚来啥也不懂，然后以这种方式被骗了的感觉，借了高利贷，刚开始都不知道。全连普查有没有跟他接触借钱的，全查出来了，当时把整个连队搞得鸡飞狗跳的。然后找3天，连长是打着找他的旗号去外面玩一天玩一晚上，也不管；指导员很着急，因为他马上要转业了嘛，不保稳定也不行，指导员很着急，也没招，找也找不着。当时给团里面也反映了，最后过了三四天他父母打电话说他回来了。……三天时间把人抓回来了，处理谈判谈了半年，加上利息和本金总共还了20多万……反正我们连队三年没有评过先进了，因为这些事。

受访者X39谈到连队主官因为工作能力弱导致没有威信，进而把连队从先进带成后进的情况。

X39：当时，在连队干部基本上没有威信。达到什么程度？早上集合，几个班长不起床，连队都在下边集合好了。连长问怎么少人，值班员给他报告，说了谁谁谁，他就说，去叫，把人叫下来。然后派人上去叫，叫了3遍没反应。连长就在下边喊，你们几个下来，你们不下来，连队就不出操，就在下边站着。但是还是没有反应……怎么说，连队主官在这个连队基本上没有威信。主官下命令，必须通过班长下命令才可以实施……×××（名称）连就从一个优秀的连队一落千丈，连队的老连长、老指导员都感觉很不可思议，觉得打得基础那么好，就带废了。

中国自古讲团结，“人心齐，泰山移”“军民团结如一人，试看天下谁能敌”“团结就是力量”。连队主官的团结直接影响连队的发展状况。受访者X8和X23都谈到了主官团结的问题。

X8：当过主官的，关于主官团结的，哪个不能讲几句呀？就像夫妻一样，这是在连队印象深刻的一件事啊。本来就是两个人商量着来的，任何事都要经过两个人，对不对？

X23：让大家的生活更精彩，关键是看连队怎么样去做，看一个主官是否有能力。但是我们×××（单位）这么多连队，很多主官是有矛盾的。主官之间是有矛盾的，这个是我感觉还是比较那个一点。

领导者的工作就是要运用自己的影响力更多地调动他人的积极性，而不是自己单打独斗。军队有严密的层级制度，上下级有明显的分野，军人以服从命令为天职，士兵在执行任务时，必须按命令行事，不能过于主动，因此来说，军队领导的影响力往往是比较高的。当军队的领导力比较弱的时候，常常会导致命令执行的失败和任务完成打折扣的现象，对整个部队建设会有比较大的破坏力。

（九）风气因子识别

风气是社会上或某个集体内所流行的爱好或习惯。风气作为客观存在，能在无意识中规范人们的言行举止，约束人们的不良行为。就风气形成而论，“上风下草，上行下效”是一种最基本的规律。风气能够起到一种引领的作用，对个体的行为有直接的影响。培根说：“集体的习惯，其力量更大于个人的习惯。”这说的就是风气的巨大影响力。一个单位内部风气纯正了，官兵就会心往一处想、劲往一处使，就没有克服不了的困难、完成不了的任务。相反，如果单位歪风邪气盛行，就会导致人心涣散。潜规则、关系网等是部队风气不正的最常见表现，这是一种具有破坏力的负能量，一段时间以来为基层官兵所厌恶和诟病。在访谈中，“风气”是个高频词汇，被提及54次之多，可见其影响力之大。受访者X27说：“现在有不少老士官[因为以往风气问题]有些思想摆不正。”这显然是由于以往的不良风气带来的后遗症问题,这对于部队的安全问题是非常不利的。受访者 X2 谈到了部队风气的积极转变:“这几年干部调整,可能更重视民意测验这一块。”

受访者 X1 讲到了因为过去风气不正对个人生活以及未来发展之路的影响。

> X1:在那儿的话,说实话,嗯……风气也不太好。咱们的话,又没有啥社会关系,咱农民的孩子,要钱没钱,要社会关系没有社会关系,只能凭着自己干。在×××(单位)的那个环境里,嗯……当然也有这么干上去的,那不多。没有人指点指点呢,确实很难。这个是客观存在的现实。现在说实话,风气好了。现在风气好了。那时候你说,存款,唉,工资又低,我毕业的时候多少钱呢,一个月只有 360 块钱。360 块钱呢,那不够花呀,今天一个结婚的明天一个结婚的,哎呀……有的时候打红包,去不去哩?去的多打一点儿,不去少打一点儿,表示下意思吧,最起码 50 块钱吧。最多的时候,1个月最多收多少个请帖?1 个月收了 8 个请帖,要喝喜酒,工资全部搞进去不够。逢年过节哩,那时候还没有第 13 个月工资,那……找领导坐一坐呀,这东西不得了。我跟你讲,唉,咱不适应。

受访者 X27 谈到一些老士官在军事训练和日常生活中没有带好头,把连队风气带坏的情况。

> X27:训练上每次二期以下的还好,三期以上的聚堆聊天,一圈人凑一起一上午就过去了,他不参加,把风气带不好了。现在老士官作用发挥特别不好,往往都是排长不在情况下,老士官该值班他也不值。班长一般也是直接把权力下放副班长,基本上什么也不做,甚至有些三期四期连盘子都不自己洗。我们排长都是自己洗,他们吃完直接放那儿就走了,像是配一个公务员一样,所以说,比较过分。

由于不良风气的影响,严重破坏了部队的政治生态,导致出现“靠关系上位、靠票子晋职”的不良现象,甚至出现了品行兼优的人总是原地踏步,平庸者却得到提拔重用,如此一来,安心本职踏实干事的人就必然越来越少,这就是“劣币驱逐良币”的逆淘汰,就像西汉贾谊发现的“奸钱日繁,正钱日亡”的现象。俗话说:“风气连着士气,支撑着骨气,决定着硬气。”有些连队战斗力不强、不过硬的“病根”就是风气不正。连队的风气不正,一方面会造成官兵之间的感情隔阂,有时甚至会激化矛盾;另一方面又直接影响着个人的成长进步路径。从空降兵部队的情况看,一个单位风气的正与邪,事关部队整体建设的好与坏,事关官兵心理状态的积极与消极。

二、空降兵的心理保护因子识别

心理保护因子是与心理风险因子相对应的一个概念。在关于心理危机、突发事件、自然灾害等方面的研究中,常常是把心理风险因子与心理保护因子一同列出的。心理保护因子同样是与人的心理状态相关的无形因素,具有使人们有效地应对工作生活压力并能对风险因素产生抵消或平衡的作用,从而减少消极后果或恶性事件发生的可能性。皮卡诺(J. J. Picano)、威廉姆斯(T. J. Williams)和罗兰(R. R. Roland)研究发现:“成功执行从宇航员到秘密情报人员等高风险工作有6个心理维度:性格沉稳、适应性强、团队合作力、体能耐力、良好的判断与决策以及内在动力[①]。”这6个方面其实就是心理保护因子。劳伦斯·莱尚(Lawrence LeShan)将作战心理综合素质按照作战时间节点分为基本心理素质、心理应激能力、心理承受能力、心理智力4项首要素质[②]。

近年来,由于积极心理学的出现,有关心理因素能够防止负性结果的研究呈爆发式增长,这显示了人们对心理保护因子研究的重视,也催生了对很多新概念或者新主题的研究,这包括心理弹性、自制力、性格力量、生活满意度、积极情绪、自尊、自主、热情、希望、感恩、心流、智慧、爱的能力、意义感,等等。从访谈的情况看,空降兵心理保护因子主要有情绪调节、自我效能、心理激励、职业荣誉感、社会支持系统和心理柔性。这些因子能够起到减小

---

① Picano J. J. , Williams T. J. , Roland R. R. Assessment and selection of high - risk operational personnel (pp. 353 - 370) [M]// KENNEDY C H, ZILLMER E A. Military psychology: Clinical and operational applications. New York: Guilford, 2006.

② 莱尚.战争心理学[M].林克,译.北京:中国人民大学出版社,2011.

心理风险因子造成不良后果的可能性,起到保护性的作用。

(一)情绪调节能力因子识别

情绪调节是指个体管理和改变自己或者他人情绪的过程,在这个过程中,通过一定的策略和机制,情绪在生理反应、主观体验和表情行为等方面发生一定的变化。当面对消极事件时,个体会利用各种情绪调节策略,尽可能地体验积极情绪、消除消极情绪,在提高心理复原力的同时,提升个人的心理健康水平。研究发现,个体消极情绪的持续时间与其不良的健康状况成正相关。如果个体不能很好地调节好自己的情绪,那么必然会给其工作生活带来麻烦。受访者 X39 说:“因为基层的干部确实是太累了,如果你不能很好地自我调节的话,很多人都会受不了,尤其是经历家庭内忧外患的时候。”情绪调节能力是一个人非常重要的一种技能,是在个体成长过程中不断学习实践中获得的。

受访者 X27 谈到了自己在痛苦煎熬下是如何调节自己情绪的,正是这样他才能很好地应对自己所面临的困境和煎熬。

> X27:[阅兵]训练了 3 个月,这次时间比较短,因为改革,组队也比较短。去之前我做了充足准备,去之后我发现即使做了这么大准备,还是不够充分。说实话,艰苦程度超出了我的预期。而且,我敢说这辈子没吃过这么大的苦,无论是身体上还是心理上都特别煎熬。在那儿首先作为一名干部,身份是比较尴尬的,既要管理又是被管理者。在管理中威信又不高,因为教员的威信是最高的,所有的都要服从教员。自己又要训练,又要管理,每天睡眠都是不充足的,精神也不是特别好。直接导致动作做不好,白天被教员骂,晚上又要管大家。所以心里边还是不舒服的。而且在那儿管理上还是很严格的,对我们的要求还是很严格的。我很感激我的教员。但是严格下来也是有一点心理上的负担。我自己还好,我的心态摆的比较正,我认为我去就是被训练的,我就是被操练的。有一些干部不是这样想的,凭什么操练我,大不了我不干了,到后期你人不够敢把我换掉吗?聊天的时候,他们就跟我说,老忍着干什么,你跟他搞,他能把你怎么地?我说没有必要,我来了就是被操练的。有的战士被操练了,他挑拨离间,跟你说你看谁谁专门针对

你，一训练就批评你，就是针对你，你对他有没有想法，咱俩一起搞他一顿？我说没有必要。

理查德·戴维森(Richard J. Davidson)和沙伦·贝格利(Sharon Begley)在《大脑的情绪生活》一书中认为，“人的情绪调节能力的大脑机制在前额皮质对杏仁核激活的抑制作用[①]”。当我们正处于痛苦、悲伤、愤怒、恐惧等负性情绪的时候，大脑中的杏仁核区域被激活，而前额皮质可以通过二者之间的神经元发射信号来减缓或抑制杏仁核的活动。因此，前额皮质激活水平较低的人在产生消极情绪后，其杏仁核活动更为持久，也更难以恢复。也就是说，那些“缓慢恢复”的群体的前额皮质与杏仁核之间信息交流很少。当然，正如古语所说，凡事皆有度，过犹不及。极端的情绪调节能力也会造成麻烦。情绪调节能力极强的人缺乏克服困难的动力，他们对任何挫折都觉得无所谓，习惯于淡然处之、一笑了之，就会成为阿Q式的自欺欺人；而情绪调节能力极差的人，则会长久地纠结于事情或情绪，深陷其中而不能自拔，可能酿成祥林嫂式的悲剧。正常的情绪调节能力是对个体保持心理健康与心理平衡有帮助和保护作用的。

(二)自我效能因子识别

自我效能是美国心理学家班杜拉(Albert Bandura)提出的概念，最早出现在他的一篇综合性论文《自我效能:行为改变的一个统合性理论》(1977)中，它是指“人们对自身能否利用所拥有的技能去完成某项工作行为的自信程度”，是动机理论的核心概念。自我效能并不一定是一个人的真实能力，而是他对自己行为能力的评估和信心。自我效能特别适合解释具有挑战性的行为动机。台湾学者张春兴认为，“一个人对挑战性的情境，敢于冒险一试(动机)者，乃是因其自认具有高度的自我效能使然[②]”。正所谓艺高人胆大，“艺高”就是自我效能。受访者X8也有这样的观点:“从心理角度就是相信自己，要相信自己，就要靠熟练的技术。技术之后，胆大，心细。艺高人胆

---

① 戴维森，贝格利.大脑的情绪生活:大脑如何影响我们的思想、感受和生活[M].王萌，译.上海:格致出版社，2015.

② 张春兴.现代心理学—现代人研究自身问题的科学[M].上海:上海人民出版社，1994:526.

大，胆大艺更高。哈哈，就是这么讲的。真是这样的。技术方面肯定要过硬，训练肯定是要过硬，自信心首先建立在这个方面的。”

受访者X25谈到了自己在跳伞时所秉持的“我能行”的信念，这就是一种高自我效能的表现。

X25：就个人的话，我自己的体会就是，只要有人能干这个事情，我没有比别人少什么，他们能干我就能干。给我的想法我就是这样打气的，就是一种信念吧。我甚至以前跟同学聊天的时候，我们这个群体把它看得比较重，不想当“机降司令”。有时候胡思乱想的时候，甚至有一种想法，我跳下去，首先给自己规定一个最低的标准，我要从飞机上跳下去。至于跳下去是正常不正常，是生是死那是老天给我的选择，但是我要跳下去。胡思乱想[的时候]会这样想，而且有的时候在踏在机门那一刻也会这样想。不管结果怎么样我都要跳下去，就只有这个信念在坚持自己，就不管怎样都要跳下去了，所以对自己也是一个破釜沉舟的感觉。既然选择了不管怎么样都要跳下去，我还担心什么呢？……还是刚才那句话，别人能做的事，我也能做，只要有人做我就能，就是这种信念吧。那么多人做了，也没有出太大的事，那我又不比别人特殊，或者缺什么少什么，干吗不能做？

受访者X13则结合带新兵的经历谈到自信心不是天生的而是锻炼出来的。

X13：我是一个悲观的孩子。我是通过能力素质提升了，现在我当班长了，你让我上任何台面了，我都上得上去。为什么？因为我的能力得到一种认可。得到别人的认可，我自己也会提升一种自信。我认为我有能力，我可以把这件事情干好，我才能去展现。假如说，就是那些心理素质不行的，感觉自己不行，干不好，他就会存在一种害怕的心理。他的心理素质就不是特别好。他平时不是悲观的，而是乐观一点的孩子，他不会有那种不自信存在。他也不会心理素质差，他心理素质很强硬。提升他们心理素质，其实就是要有让他们表现自己的能力[的机会]，再一个就是我们班长的支持和鼓励。给他一种自信。他的自信来源不了于自己的时候，就是要别人给他自信，强加给他一种自信，才会提升自己的心理素质。

台湾学者许维素认为，“每一个人都是独特的，虽然不见得都能做到想做的事情，但都是有资源与潜能去解决自己的问题，同时也知道自己的目标与方法[①]。”人们之所以产生某一种行为，其实跟他们个人的预期和信念有关。信念不仅包含了理想，而且包含了为理想而不懈奋斗的内在精神力量。低自我效能可能使个体提前中止努力，导致失败的结果，缺少了信念就会成为生活的奴隶。魏良云、周军和袁继红等人的研究表明：“空降兵的核心自我评价与社会心理应激显著负相关，核心自我评价可以作为衡量空降兵心理应激水平的一项重要指标，用来预测空降兵的心理应激水平和解释空降兵的心理应激状况[②]。”心理学上有个“杜根定律”：强者不一定是胜利者，但胜利迟早都属于有信心的人。杜根定律启示我们，自信比什么都重要。对两个能力素质相近的人来说，那个对自己实现特定目标的能力有信心的人，也就是具有高自我效能的人，往往更可能获得成功。

（三）心理激励因子识别

激励是指引起一个人产生明确的目标并指向特定行为的内在驱动力。从心理学意义上来说，心理激励能够激发个体的工作热情，发挥其才能，释放其潜能，最大限度地发挥个人的积极性、主动性和创造性，从而使其干出更优异的成绩。有没有激励，对个人来说会产生截然不同的效果。美国心理学之父威廉·詹姆斯（William James）研究发现，一个没有受过激励的人，仅能发挥其能力的20%～30%，而当受到激励后，所发挥的作用相当于激励前的3～4倍。

心理激励可分为内在激励和外在激励两类。内在激励其实就是自我激励，是人自身产生的发自内心的一种激励力量，包括学习的自觉性、责任感、成就感、光荣感等。外在激励是来自于团体、组织力量或他人的驱动，是通

---

① 许维素.建构解决之道—焦点解决短期治疗[M].宁波：宁波出版社，2013.

② 魏良云，周军，袁继红，等.核心自我评价与空降兵心理应激关系的实证研究[J].中国医药科学，2016(2)：118-120.

过评比竞赛、奖励处罚等方法实现的激励,这种激励可以是精神形式的,也可以是物质形式的。

1. 自我激励

自我激励是人在对自己心理暗示作用下产生的一种积极向上、超越自我的心理历程。人的一切行为都是受到激励而产生的,通过不断的自我激励,就会使人有一股内在的动力,朝着自己期望的目标前进,最终到达成功的彼岸。受访者X25说:"我感觉跳伞是比较危险的,也正因为危险,其他人不经历这个事情,我自己感觉这算是一个比较好的经历。和平年代当兵不打仗,价值从哪里体现出来?跳伞就是让你能体现自我价值的事情。我下去之后什么情况我可能都不知道,但是我就是要下去,这就是我价值的体现,别人做不了。"自我激励,简单地说,就是自己告诉自己:虽然我害怕,但是我不怕失败,仍然要坚定地去做,并且我相信自己一定能够做好。

受访者X11从工作经验角度谈到在跳伞时应该如何进行自我的心理激励。

> X11:有个"三相信"嘛。我们搞"三相信"教育,相信科学、相信教员、相信自己嘛。伞,它是有科学依据的,教员是专门培训的,那你对自己要有信心呀。做到"三相信",把心理素质[隐患]消除掉,保证他能上飞机。在地面,他不想去、不搞,不就麻烦了吗?上了飞机,技术方面有教员把关。上了飞机,他还是那种"怂包",教员到机门一抓,出去了。那只能这样搞,上了飞机下不来了,那就丢人了。现在我们做的,班长、排长带着训练,个别确实心理素质比较差的,那就是集中起来给他做工作。我们跟他聊一聊,到底啥情况,是家里影响啊,还是恐高啊,还是思想因素,不敢跳,不愿跳,怕出问题。把问题搞清楚了,针对性地做思想工作。第二个,就是文化,活动感染。现在饭堂广播,越是不行越是让你写东西叫你念,通过自己表达来自己激励自己,也给别人一个展示。还有写表态书,大家都在写,你说你写不写吧。不写,说明你是个怂包嘛,你在这个地方,是吧。再一个就是条语板报这些东西,也是耳濡目染的一个宣传,就让他感觉:不跳伞可耻,跳伞光荣,营造这种氛围。包括下一步,到机场跳伞也是,广播宣传,激励大家的劲头,鼓舞士气嘛。还有搞宣誓啊,就是这种仪式啊,让他感到:空降兵你不跳伞

能干啥呀？

受访者 X12 则谈到了跳伞前自我激励的个人体验。

> X12：在×××（名称）队，前几次跳伞还是比较紧张的。因为我们经常说，第一次都不太紧张，最紧张的就是第二次、第三次、第四次这么几次。那时候，第二天要跳伞，第一天就……反正是我自己的一个真实感受啊。第二天跳伞，头一天晚上宣布架次，心里边就在想明天跳伞的事情，每天跳伞都要想着给自己加油鼓劲。有时候也会有打退堂鼓的心理，看要不要给班长说一下，看明天能不能不跳啊，就这种想法。自己躺在床上就在想，别人都跳，自己不跳，是吧，有点丢人。我从当兵开始，包括新兵的时候，我对自己的要求，我在这个队伍里我不能比别人落后。我就在这样想。应该说，在新兵的时候，表现还可以吧。……班长还比较重视，也比较注重对我的培养，也确实不好意思给班长讲。每天给自己做思想工作，每天晚上给自己做思想工作。

成功永远属于不懈努力和自我激励的人，激励的力量来源于自我奋发向上的心理。正如圣女贞德（Joan of Arc）所说：“所有战斗的胜负首先在自我的心里见分晓。”一方面，要不断直面困难，直面自我的弱点和恐惧，从内心挑战自我是我们生命力量的源泉。世上最秘而不宣的秘密是，战胜恐惧后迎来的是某种安全有益的东西。哪怕克服的是小小的恐惧，也会增强你对创造自己生活能力的信心。另一方面，要提防自己，不要躺在舒适区享受安逸。认知心理学认为，舒适区是一定限度的感知和联想的范围，在这一范围里，个人或集体能有效地运作，不会出现不自在和恐惧。心理舒适区不是安乐窝，而是避风港，它只是人们心中准备迎接下次挑战之前刻意放松自己和恢复元气的地方。生活中，当我们面对新工作、接受新挑战时，内心会从原本熟悉、舒适的区域进入到紧张、担忧甚至恐惧的“压力区”。

2. 外在激励

美国行为科学家赫茨伯格（Fredrick Herzberg）在其著作《工作的激励》（1959）中提出的“双因素理论”认为，影响人的积极性的因素主要有两个：一是保健因素，二是激励因素。保健因素是指与工作环境和工作条件有关的因素,主要体现在政策、行政管理、监督、工作条件、薪水、地位、安全以及各种人事关系等方面;激励因素是指与工作本身或工作内容有关的因素,主要体现在工作成就感、工作挑战性、社会认可度、责任感及职业发展,等等。赫兹伯格认为,保健因素只能消除人们的不满,但不会带来满意感,只有激励因素才能够给人们带来满意感,激发员工的热情,提高工作效率。双因素理论对于我们工作的指导意义在于,要调动人的积极性,注意物质利益和工作条件等保健因素的改善,但它的作用是有限的,更重要的是要注意工作丰富化、量才适用、给予认可,注重给人以成长、发展、晋升的机会。仅就空降兵跳伞训练而言,外在激励起码有3种:目标性激励、竞争性激励和活动性激励等。关于空降兵跳伞的心理激励方法可参见《空降兵跳伞中的心理激励访谈与思考》①一文。

(1)目标性激励。恰到好处的目标可以诱发跳伞员更加积极地投入到跳伞活动中来。受访者X11谈到制定训练考核目标对新兵跳伞训练具有明显的激励作用。

I:看来这个还是看个人吧。自己意向越强烈,反而更安全一些。

X11:对。你天天训练黏黏糊糊的,动作搞不好,跳得跟面条一样,上了飞机肯定紧张,没底呀。你天天训练考核……现在我们地面考核都是打分嘛。3分不及格,4分及格,现在大家都在为4分在争。过4分就非常坦然,非常高兴,掉到3分,心里就非常失落。

I:这个打分是怎么打的,是教员打分吗?

X11:是连队伞训长打分,连队考核时打。要是全大队考核的时候,那就是伞训教研室的主任来打。这个打分是有标准的,动作要往上靠嘛。如果说离开飞机的动作不变形,不软,不仰,不扎,收腿收的紧,基本上是4分。动作软,手耷拉着,动作前扎后仰的,那就是3分。现在就是在这个阶段的训练。

I:就是把动作固定下来。

---

① 许闯.空降兵跳伞中的心理激励访谈与思考[J].政工学刊,2018(4):66-67.

X11：你每次考核都是打4分，对这个兵的跳伞那心理作用是非常大。你经常打3分，偶尔打4分，他就心里犯嘀咕，自己动作不行。所以说，现在打分这一块……为什么搞动作训练，那就是要求你每次打4分，他自己心里边都有信心，动作过硬了，他就可以。接下来就是叠伞嘛。现在也穿插着叠伞。叠伞，也是按照一步一步抠，叠伞衣啊，卷伞绳啊，包伞包啊，现在都在弄这个动作。

(2)竞争性激励。一个竞争的氛围能激发工作士气，哪怕这种竞争极为简单也具有极大的激励效果。受访者X6谈到竞争性活动对个人的激励作用。

X6：嗯，形式可能没有那么完备，也不会讲很多大而化之的东西，但是宣传鼓动做得非常好。当时，我记得一个细节，在我们刚入伍的时候，跳伞这个东西本身是有一定危险性的，大家都会有恐惧。但是我们会有这么个形式，就是一个小黑板，每个人名字写上去，跳一次伞画一个小五星。这个形式可能就是很简单，甚至可以说是幼儿园的那种方式，但是年轻的小伙子，都是十八九岁，都在意彼此这个对比，可以说就是……可能是一种危险性的事情，通过这个反而成了一种竞争性的机制。

(3)活动性激励。参与活动，可以增加个人的情绪体验，具有明显的激励作用。受访者X8谈到通过娱乐性的集体活动可以起到放松紧张情绪和激励士气的目的。

X8：因为跳伞，很要勇气的。机上也要鼓动。飞机上短短的时间也要把握住，那是最关键的。上飞机之前的鼓动，是放松性质的，唱唱歌啦，搞个什么游戏啦，打打拳啦，活动活动身体啦。上飞机上也有一个鼓动，这个鼓动可以由教员来做，也可以由架次长，就是第一名，一般是老兵、干部，他们也可以做。他们做就是竖竖大拇指，因为飞机上声音很大，吵得很。唱唱歌，看看人的表情，你说什么基本上听不着了，听不清楚了。上飞机之后，人就开始了。……飞机也很吵啊。大飞机又闷得很啊，机门开了之后，很舒服，空气很好。几十号人在一架飞机里面憋着,你会感觉怎么样呢?机门没开之前,飞机不通风的,多难受啊。所以在机上也要鼓动,一般都是教员。因为架次长你也要跳伞呀,你要挂拉绳。就是手拉的话,你也要准备呀。但是也可以聊上几句,也是个安慰,也是个鼓励。一般都是唱唱歌,唱一些励志的歌。教员,也叫投放员,也再给你检查检查,再给你鼓鼓劲儿。

有效的心理激励,能够充分激发官兵的工作积极性,促进战斗精神的培育和提升。具体来说,通过合理的岗位安排,建立官兵对军事训练兴趣的良好心理基础;通过有效的奖惩手段,激发官兵对军事训练工作的热情;通过适度的任务加压,形成官兵完成任务的“愿景”;通过竞技比武和丰富的宣传,促进官兵有效完成军事训练。在此过程中,一方面可以调动官兵主动性,发挥他们的主人翁精神和创造性才能,使他们感到自我价值的实现;另一方面可以促进官兵间更多的情感和心理交流,增进内部之间的关系,增强官兵的集体观,形成一种对集体的归属感和心理上的满足,进而凝聚人心士气。

(四)职业荣誉感因子识别

从军是天底下最为特殊、最为神圣的崇高职业。习主席在全军政治工作会议上深刻指出:“注重发挥政策制度的调节作用,增强军事职业吸引力和军人使命感、荣誉感①。”所谓军人职业荣誉感,是指社会对军人履行社会义务的道德行为的肯定和褒奖,并且军人因意识到这种肯定和褒奖所产生的道德情感②。受访者 X25 说:“飞机上只有飞行员,看着高度表的那个人,有时候无意的一句话,比如辛苦啦,或者空降兵很勇敢。或者是看见我们在那儿,我们很紧张,通过加油表现出很高的士气,他眼睛里面流露的眼神会有一种赞许,如果有心的人观察到那个眼神,也会给自己内心打气。这个可能是一种职业认同感、成就感、自豪感。”无论在战争年代还是在和平时期,

① 发挥政治工作对强军兴军的生命线作用 为实现党在新形势下的强军目标而奋斗[N].解放军报,2014-11-02(1).

② 许闯.增强军人职业荣誉感的路径分析[J].军队政工理论研究,2016,17(3):32-35.

荣誉都是军人的最高追求，也是激发军人责任感使命感、维护军心士气以及提升军队战斗力的重要途径。职业荣誉感会激发个体的动能和意愿，使得个体对工作和训练充满希望和热情。

受访者 X13 谈到了因为工作性质给自己带来了一种认同感。

> X13：来部队，就第一年来部队感觉有点苦。可能是在家的时候，家里就我一个孩子吧，是独生子，所以说特别宠我。所以说来部队，第一年感觉特别苦。但是第一年下连之后，我就去了×××（名称）队。因为我比较认这一行业吧，比较热爱这一行业，感觉，嗯，感觉特别有范儿。所以，第一年去了×××（名称）队，经历了 30 多次跳伞。感觉越跳越喜欢这个行业了。

受访者 X6 已经调离空降兵部队一段时间了，但是仍以在空降兵部队的那段经历为荣耀。

> X6：感觉那边的氛围……因为这两年呆的部队也不少，感觉在空军来说[空降兵]还是很特殊一个部队。它一方面有陆军的训练模式，同时在空军也是一支特殊的部队，包括在空军机关这块，军务啊，都是×××（单位）调过来的。我印象比较深的是，后面待过的一些单位都是比较松散的，一些科研单位、医院也呆过。我觉得在我们这个年龄阶段，在那个单位呆的话，可能刚开始比较辛苦，有一定的危险性，到后期的话，从个人经历来讲，还是比较重要的。……我虽然[在空降兵部队]待了半年，很以那段经历为荣。在那儿呆过的人，比你空洞地讲，我要以这个单位为荣，效果好得多。

受访者 X30 谈到因参加抗洪抢险时感受到军民之间浓浓的鱼水情而感到职业的价值感。

> X30：抗洪期间还体会到老百姓和我们部队之间[的鱼水情]，就是部队一旦有任务……我现在都能想象到当时去参加抗洪的那种情形，老百姓真的，感觉他们就在，真的是，那个怎么说来着……我感觉我们去参加这种任务真是心甘情愿，能为百姓做这些事情

感觉很光荣，义无反顾。我们第一天去大坝的时候，那些房子被淹掉的人，他们就是搭着帐篷睡在旁边，感觉到特别的心酸，自然灾害嘛，我们就赶紧想到要过去帮忙。地方政府也很支持的，基本上每天都有人过来慰问，给我们送水啊，送吃的。我觉得军民融合真的是鱼水情吧，确实没错。

受访者X22则走出国门参加联合军演，认识到因为国家强大而作为中国军人很有自豪感。这种职业荣誉感是与爱国主义紧密联系在一起的。

X22：我感觉最震撼的是，各个国家对我们这批去的人都非常热情，明显感觉，倒不是因为我们有多优秀，而是因为国家的强大，所以导致我们［个人］的一个优秀。好像去的我们比较了一下，就我们一个国家是一个大国，其他国家就是有点像小国家一样，基本上我们提出的一些要求啊，各方面他们都及时满足啊，专门的人给我们解答，这一点感觉比较震撼。而且，去北京的时候，学习的时候，给我们做教育的时候，基本上这些都是一带一路上的国家。而且都是因为是国家的强大所以才能被认可吧，这点感觉比较震撼，这点当时感觉比较强烈的。

谚语讲："荣誉是美德的影子。"社会学家查尔斯·霍顿·库利(Charles Horton Cooley)说，"一个人的荣誉感是他最真实、最基本的自我，它直接影响他的行为[①]"。职业荣誉感有助于官兵树立正确的苦乐观，更好地适应训练生活；有助于激发官兵责任心，提高战斗力；有助于调动官兵积极性，培养进取心。对职业军人来说，只有把自己的本职工作做得出色，才能获得他人充分的尊敬，自己也能体验职业荣誉感与价值感。

(五)社会支持系统因子识别

社会支持系统是指由若干社会支持要素以一定连接方式构成的具有社会支持功能的有机整体。人是社会动物，需要与他人建立社会关系来应对

---

① 库利.人类本性与社会秩序[M].包凡一，译.北京：华夏出版社，1999：169.

生活中的各种状况。良好的社会关系有助于维护一个人的心理健康,同时这也成为衡量一个人心理健康的基本尺度。心理学家霍尔特-隆斯泰德(J. Holt-Lunstad)、史密斯(T. B. Smith)和莱顿(J. B. Layton)对共计超过30万人参加的148项研究进行元分析发现,稳定的社会关系可以延长人的寿命,并且这一推断不受年龄、性别和初始健康状况等方面的影响①。社会支持作为一种人与人之间相互支持的关系,常常被作为应对的策略或资源来缓解个体的心理压力、维护个体的身心健康。心理健康标准包括:智力正常、情绪健康、意志健全、心理与行为协调、人际关系和谐、行为反应适度以及心理特点符合年龄特点等7个方面,此标准的后6个方面其实都与社会支持状况有一定的关联,对青年官兵来说更是如此。对空降兵部队官兵而言,社会支持系统包括战友支持、家庭支持等多个方面。

1. 战友支持

许多退伍军人都认为,与战友的亲密关系是他们这一生中最亲近的关系。很多研究认为,激发士兵参与战斗的通常不是意识形态、仇恨或者恐惧,而最重要的是要顾及战友的需要。美国医生里弗斯(W. H. R. Rivers)在《军人宣言》(1917)一书中总结了对作战军人进行人道治疗的两项原则,被美国军方精神科医生在二次大战中奉为圭臬:“首先,一个素有勇敢非凡的人,有可能在无法抗拒的恐惧中屈服;其次,要克服这种恐惧最有效的动力不是爱国心,不是抽象理论,也不是对敌人的怨恨,而是一种更强烈的东西:战友间死生一命的患难之情②。”《诗经》中“死生契阔,与子成说;执子之手,与子偕老”,说的就是患难与共、生死相依的战友情,这种情谊从古至今一直受到尊崇。

来自战友的心理支持主要有两个方面:言语交流性的心理支持和活动感染性的心理支持。

(1)言语交流性的心理支持

---

① Holt-Lunstad J., Smith T. B., Layton J. B. Social relationships and mortality risk: A meta-analytic review [J]. PLoS Medicine, 2010, 7(7): e1000316.

② 赫尔曼.创伤与复原[M].施宏达,陈文琪,译.北京:机械工业出版社,2015:17-18.

X40：我们都住在一起，每天下来都相互交流。碰到问题还挺多的，还好，有个相互倾诉的对象嘛。……交流挺多的。

I：交流些什么内容呢？

X40：跳伞之前的话，第一天跳伞之前，主要是心理上的一些。就是讲这个风，怎么进入啊，不进入怎么操纵。跳伞之后，大家就是聊自己遇到了什么情况，是怎么着陆的，还有教员的指挥。就讨论这些。

I：这个交流，你感觉对你有帮助吗？

X40：有啊，我觉得有帮助。

I：最直接的表现在哪里？

X40：最直接的表现，我觉得，比如说遇到比较复杂的情况之后，其他的女生可能面临同样的问题，一讨论之后，有时候也是一种心理暗示吧。人家能处理得好，你也这样处理。

I：有点像相互之间的经验交流会一样。

X40：对对。想着女生她们能处理，自己也能处理，就这样。给自己一些信心吧。

(2)活动感染性的心理支持

X13：我们老兵跳伞的时候，会开展那个例音广播，一种形式，会有广播稿，给我们这些战士提高信心，也就是加油鼓劲。

I：广播稿是自己写的吗？

X13：广播稿是找一些有文化的人，自己写的自己上去念，给其他战友加油鼓劲。再有，就是空降兵流传的一种形式，就是“拇指行动”。在检查伞具的时候，会给他竖个大拇指，说“好”，这也是一种加油鼓劲的方式。再有就是在我们登机的时候，都有领导在，领导会给每一个人击掌，会给每一个人竖大拇指，这也是一种。我感觉，有这种活动的话，特别地能鼓舞士气。在这样的一种氛围中，士气自然就起来了。

I：上机了之后有啥活动吗？

X13：上机了之后，我们教员……有时候为了克服他们的恐惧心理，我会让他们喊，让他们向飞行员问好，再一个就是让他们唱歌。

I:唱的什么歌?

X13:唱军歌,空降兵战歌、强军战歌之类的。或者让他们自己相互加油鼓劲。我先给他们起个带头,他们自己加油鼓劲。那个气氛,不能让他们不说话,总是很沉闷。让他们开心起来,高兴起来,有一种很有激情的感觉。让他们兴奋起来,他们紧张的心理、害怕的心理自然会排除一些。把氛围营造的活跃一些,他们就不会那么不自信了。

格罗斯曼(Dave Grossman)在《战争中的士兵心理》一书中不断提到:“一起上过战场的士兵总是把战友间的感情看得比夫妻间的感情更紧密[①]。”这种战友之间强烈的情感依附关系会起到很大的支持作用,帮助那些有心理危机的战士度过困难时期。过往研究表明,士兵如果感受到领导的支持和强有力的同伴关系,会降低其离开军队的可能性。“集体的依恋和情感的联结可能会对创伤后应激障碍的持续发展起到保护作用[②]。”基层官兵发现身边战友有负面情绪时,以同伴身份进行疏导和帮助,同时也可以接受其他战友的帮助,这种方式是日常的、平等的、互惠的,是在互相信任的情况下进行,因此容易被对方接受,这会成为一种强有力的战友支持。

2. 家庭支持

美国心理学家布朗芬布伦纳(Uric Bronfenbrenner)提出的生态系统理论认为,家庭是微观系统最重要成分,因此,构建积极的家庭氛围有助于提升个体社会支持的质量。毫无疑问,家庭是一线士兵心理防护强有力的支柱。美国颁布有《家庭支援、儿童保护及父子关系》和《建立家庭支援队指南》等法律制度,形成了较为完善的军人家庭援助计[③]。1987 年,时任美国总统里根(Ronald Wilson Reagan)签署公告,把每年的 5 月 23 日确定为“军人配偶

---

① 格罗斯曼. 战争中的士兵心理[M]. 大同,徐娟,译. 北京:中国轻工业出版社,2016:101/155.

② 劳霍姆-斯科特,菲利普特. 军事心理健康指南:军人及家庭、社区手册[M]. 冯正直,祖霞,译. 重庆:西南师范大学出版社,2016:118.

③ 逯记选. 美军非战争军事行动中的心理防护[J]. 军队政工理论研究,2008,9(6):116-118.

节”。我军一些单位也很重视家庭支持的作用,提倡让“亲属圈”成为“正能量圈”,下大力气建立和健全官兵亲属基本情况档案,并结合重要节日、官兵生日等时机定期联系官兵亲属,汇报官兵的学习、训练、生活情况,在建立经常性的互联互通中帮助亲属增进理解、消除担忧。在笔者所进行的访谈中,很多官兵都谈到了自己的家人,包括父母、妻子、孩子、女友等对自己的支持性作用,正是因为有了他们,才让自己更加坚定地在部队工作,哪怕苦一点累一点也觉得自己有力量。

受访者 X25 谈到父母的关注和支持对自己来说是一种情感的慰藉和温暖的力量。

> X25:我一般不喜欢把这个事提前跟家人说。我每次都是,要么是跳完伞之后,家人会问你今天怎么还没跳伞,然后我说跳过了,我不会在跳伞的时候跟家人说。我家里面我是第一个到空降部队来的,我不是独子,还有个哥哥。就因为我跳伞这个事,我爸他因为我到部队来,他喜欢军事节目,不管是网上还是电视看中央7套。有时候跟他聊天,我的感觉是,他甚至比我了解空降兵怎么回事。所以说,从这方面看的话,我感觉他对我这方面的关心还是比较大的。……在我看来,父母毕竟是他对孩子关注,特别是对我们20多岁人来说,父母的重心也不在事业上,他可能就是为了赚钱养家,过得去就行了,他们的重心有很大一部分就是放在孩子身上,他[们]不指望孩子有多大的出息,出人头地,就想平平安安,出去什么样回来什么样,别出重大的问题。我爸妈就这样的,他们对我的要求不是很高,你在外只要平平安安,其他事都好说。

空降兵基层部队官兵会积极主动地重建自己的支持系统,会评判周围的人并选择接近或疏离他们,会在生活中寻求志趣相投的战友,他们会进一步接触交流,与之建立情感联系,并认同他们说话内容和做事方式,与他们分享自己的思想和感受,会从他人那里获取关心的线索并做出积极的反馈。他们也会跟家人进行适时的交流,有时也许只是一个简单的问候,但家永远是自己心之所依,从那里获得温暖的力量和安全感。

赫尔曼(Judith Herman)讲到社会支持的影响时说:“他人的支持反应可能足以减轻(创伤)事件的冲击,而敌意或负性的反应则可能会加深伤害或恶化创伤症候群[1]。”已有研究表明，个体应对创伤的能力，除了人格等内在因素之外，更与其家庭及人际关系的和谐有关，良好的人际关系带给人情感支持力和群体归属感，能有效降低心理危机的发生率。当空降兵部队官兵体验到更多的社会支持，比如父母的关心、领导的表扬鼓励、朋友的认同互助等，他们的核心自我评价将会更加积极，这将会让他们更有效地处理工作生活上遇到的种种问题，进而降低其压力水平。

（六）心理柔性因子识别

柔性是指经济而快速地响应变化环境的能力。柔性不是软弱，而是与刚性相匹配的。比如说，一块钢，仅有强度没有柔性，碰到冲击力就会断裂，如果有了柔性，就可以克服冲击力。老子《道德经》言：“水至柔而至刚，水善利万物而不争。”其实，就是我们平时说的以柔克刚的道理。柔性概念主要包含两个方面的内容，一是系统适应外部环境变化的能力，二是系统适应内部变化的能力。柔性的概念可以引入到心理学领域，就像弹性的概念引入心理学领域一样。卡什丹（T. B. Kashdan）和罗滕贝格（J. Rottenberg）认为心理柔性是健康的一个基本方面，并指出：“到目前为止，心理柔性的重要性已经被孤立和分离的研究主题所遮蔽[2]。”弹性是钢的特性，强调外界给予压力时能够自我弹回并恢复成原来的状态；“水为百谷之王，善处其下也”，柔性则是水的特性，强调通过自我的变化与外界保持一种契合。“心理弹性主要是描述个体在面临压力或困境时恢复原有状态的能力[3]。”心理弹性强调在重大压力下依旧能够复原成健康状态的过程与能力。与心理弹性不同，王平从过程论的角度分析认为，“心理灵活性（即心理柔性）是一个复杂动态的心理结构，指个体与环境交互作用过程中个体反复出现的与情境相匹配的动力适应过程[4]”。而笔者在访谈中发现了空降兵部队官兵具有一些特殊

---

① 赫尔曼. 创伤与复原[M]. 施宏达，陈文琪，译. 北京：机械工业出版社，2015：56-57.

② Kashdan T. B., Rottenberg J. Psychological flexibility as a fundamental aspect of health [J]. Clinical Psychology Review, 2010, 30(7): 865-878.

③ 苏铭鑫. 消防部队新兵心理韧性发展历程叙事研究[D]. 上海：南京政治学院上海分院，2017.

④ 王平. 心理灵活性：心理健康的保护性要素[J]. 苏州大学学报（教育科学版），2015，3(2)：57-64.

的品质，于是从能力角度重新建构心理柔性概念，心理柔性是指个体面对环境的变化时，既保持核心自我又进行合适的自我调整，从而与外界保持和谐的能力。心理柔性可表现为两种方式：一是与外界环境变化相适应，二是与自我内心变化相平衡。

受访者 X1 讲到主动适应自然环境的理念，而不要违背规律与环境进行对抗。

> X1：在你不适应的场合、不适宜你生活的环境当中，不要挺着。同时又反映了一个问题，人不要同大自然去战斗、做斗争，要适应自然。你跟大自然做斗争最后失败的是你。违反规律了你，嘿嘿嘿……

受访者 X3 谈到跳夜伞时出现远超预期的地面大风的经历，20 多名跳伞员都能够主动适应并安全着陆。

> X3：跳伞受伤跟很多因素有关，比如说风。地面风很大的时候，按规定不能跳。但是，风有阵风。规定新兵跳伞不超过 3 米（每秒），正常跳伞不超过 4 到 5 米，然后空中风不超过 12 米，地面风不超过 6 米。实际上，气象资料是持续变化的，做不到半小时或 1 小时去搞一下。那次我们夜间跳伞，夜间跳伞地面风不超过 4 米，那次地面风达到了十二三米，就像台风一样，嗖……嗖……就是这种声音的风。我们已经跳下来了，地面忽然起风了，这是不可控制的。晚上视线不良，根本看不见地上，地上有障碍物的地方，比如水塘，会搞个小红灯，有大沟的地方会搞个红灯。但是下面坑坑洼洼多了，哪可能面面俱到？那只能凭着你对着陆场的印象，看哪个地方好。反正那么大的风，你要按照着陆的动作要领，把全身都硬起来，着陆以后再滚一下、拖一下，就没事了。事实上，那次虽然风达到了十几米，但是那二三十个人全部保证了安全。

受访者 X9 就在第一次跳伞时有点扭脚的情况进行了外归因，觉得自己运气好而不是运气差，这种归因于外部不稳定因素的方式，有助于个体保持内心的平衡。访谈中这种例子比比皆是，这反映出空降兵部队官兵的一种心理特质，而这种特质对于他们从事空降这项特殊工作是大有益处的。

> X9：运气比较好，运气比较好，因为当时完全就是蒙的。第一次跳伞，心里还是比较紧张的。虽然伞打开是正常的，但是在高空不会拉操纵棒，还是比较危险的。就是在着陆的时候，我着陆的那块儿地域，有草，很高的一个草堆，就是很软。降落之后也没有什么事情。把脚稍微扭了一下，我也感觉[问题]不是特别大，第二天接着就跳了。我也没跟上面报告。

受访者 X35 也谈到自己觉得自己的运气好，并把这作为一种心理调节的方法和策略。

> X35：我一直觉得自己命好，肯定不会出什么事儿，有可能这个也是给自己一个安慰吧，一直觉得自己运气好，我觉得这些事不会发生在我身上。从小到大运气也确实不错。这也算是一种心理调节。

受访者 X30 甚至谈到自己从别的部队来到空降兵部队也是一种幸运。

> X30：后来到咱们空降兵之后，当时的第一感觉是这个部队是打仗的部队，给我的第一感觉是这样的。因为我当时分的是，我们新毕业的干部都是在×××（名称）连，是个知名连队，……我就学习他们的连史，学习他们的一些光荣传统、安全，连队他们的口号就是——宁为安全操碎心，不让事故害了你。就是说他们这个，学到了很多优良的东西。我觉得我来到的部队就是一支打仗的部队，我感觉很幸运。说实在的我以前在×××（名称）部队，我每天就那样晃晃悠悠晃晃悠悠，我说这和我理想当中当兵的生活不一样。

王琨和齐冰指出："我们人类面临着威胁和不确定的环境，心理灵活性

(即心理柔性)将会成为一个比任何时候都更有决定意义的技术[①]。"的确,心理风险作为个体健康的一种保护因子,能够帮助个体应对各种风险。在访谈中提到的以上两种现象非常具有代表性,一是不管条件如何艰苦,总能保持积极乐观的心态与环境相协调适应,二是跳伞等活动即使出现受伤的情况,也总是归因于运气并乐观地面对。这是心理柔性的具体表现。可以说,心理柔性是笔者在访谈中发现的空降兵部队官兵身上所具有的一种特质,不管环境如何变化,他们总是能够以一种放低自我姿态的方式来融入环境,并与环境保持和谐。

三、空降兵的心理双向因子识别

双向因子,就是那种可以变化的因子,它处在不稳定状态,可以在风险因子与保护因子之间转换,或者说它是一把双刃剑,有时会起到风险因子的作用,有时又会起到保护因子的作用。比如说注意力,这既是一种风险因子,又是一种保护因子,可以称之为双向因子。风险里面有机遇,因此风险和机遇是一体两面,关键是一体的。那么,与此相关的心理因子中,也一定有这种一体两面的东西,即为心理双向因子。笔者在访谈中主要发现了五种心理双向因子:管理风格、带兵模式、训练强度、印象管理水平和家庭经济条件。

(一)管理风格因子识别

管理风格是指管理者受其组织文化及管理哲学的影响所表现出来的特点和行为模式等。在部队中严格管理既是一种内在要求又是一种外在风格。严格管理是为了使官兵树立学习训练、工作作风及日常生活、行为等各方面的正确态度与良好习惯。强化管理意识,完善管理机制,健全管理制度,把人员的管理从"八小时之内"延伸到"八小时之外",做到见微知著,从小事情洞察大问题,防微杜渐,勿使小节变大恶,这是避免出现违纪违法现象和保证部队安全稳定的有力措施。

受访者 X26 讲到了自己对过去跳伞时的严格管理心存感激,因为这对于他们的跳伞安全是一种保护。

---

① 王琨,齐冰.心理灵活性与健康研究综述[J].保定学院学报,2015,28(2):86-92.

X26：教员也是比较负责。那时候管得严比较抵触，现在回想起来挺感激的，那时候伞训长是个大胖子，作风很松，但是管我们管得很严。现在细想想我们队没有出问题跟他严格管理要求也是有密切关系的。

受访者 X23 谈到管理上应该张弛有度，管理上长时间过严带来战士们的不适应和怨气。

X23：×××（名称）部队，以前是训练严、管理松，现在是训练严、管理也严。我觉得这会导致很多问题出现。要么就是你的训练跟不上，因为我不知道为什么，我也待过不少部队，很多部队就是这样。你训练严就是管理要松一些，管理严，训练就不可能那么严。人毕竟是一个要休息的，张弛有度，你平时在连队那么严，你出去训练肯定要放松。……然后你如果一直严的话，他晚上自己出去放松。我感觉现在越来越严，而且现在抓正规化，战士也是怨声载道的。这是感觉这个部队应该还没有适应，应该可能适应还会好一点。

受访者 X38 谈到管理过严使得战士工作很累，并且出现战士不想留士官的情况，这显然是严格管理的负面效应的体现。

X38：天天不是这个检查就是那个检查，感觉天天盯着我们。就像弹簧一样，以前是比较松的，现在一下子压得喘不过气来了。那段时间比较沉闷，总挨批，老说也不管用。还有就是，我们以前跑武装 5 公里都比较少，今年以来比较多，就是训练更严格了。感觉很累。今年就出现了一种情况，退伍的二年兵比较多，以往都是想留的。问他们为什么，就是管得太严了……他们说，去年以前的话，我就想留，今年的话就不想留了，没什么干劲儿，累。说实话，我们干部也都不想干了，就是有如履薄冰的那种感觉。……我们排的课目是拉铁丝网，要打桩子，那个桩子一个人都扛不动，需要两个人去抬，需要把那个桩子锤下去，还背着枪搞。打一动，全身都出汗了,都有中暑的迹象了。当时连长说,就是要发扬艰苦奋斗的精神,背着枪搞。……我们的战士就盼着搞教育,那时候是极大的放松……然后,管理也相对比较严格。事儿不断。这样导致我们的战士都不想留。

严格管理,这是依法从严治军的要求,但是在管理中,超越条令条例就是违法,那种认为高出条令标准就是高标准的做法是不可取的,反而会影响战士服役的热情。严之有度,度就是条令条例规范的标准,我们千万不能凭感情用事,超出条令条例的规范。严格管理要建立在科学管理基础上,而不是为了严而严、越严越好,超越了一定的度,效果可能会适得其反。从效果论的角度来看,严格管理的风格,既可以成为战斗力生成的促进因素,又可以成为官兵产生怨气以及消磨工作热情的消极因素。

(二)带兵模式因子识别

模式是事物的标准样式,带兵模式就是带兵的一般方式。“知兵爱兵、科学带兵、以情带兵”是新时代对带兵人提出的具体要求,是文明带兵的基本遵循。与文明带兵相悖的有两种情况,一是以行为侮辱士兵身体,二是以言语贬低士兵人格。毛泽东深刻指出:“很多同志对于官兵关系、军民关系弄不好,以为是方法不对,我总告诉他们是根本态度(或根本宗旨)问题,这态度就是尊重士兵和尊重人民①。”基层带兵人要消除“慈不掌兵”“打是亲、骂是爱”等错误思想,不用土办法整人、土政策治人、土规定束人,不乱用“三把火”,应该依靠耐心说服帮教,以模范行动感染,以过硬素质带动。然而,现实情况却出乎所有人的意料。

受访者 X33 从带兵主体的角度谈到带兵人对文明带兵模式的接受是一个过程。

X33:我感觉对于现在文明带兵、科学带兵、以人为本的理念慢慢地深入和增强,加上上级的关注,其实对我们基层带兵有很大的影响的,正反方面都有。导致我们现在放不开手脚。过去的带兵

---

① 毛泽东. 毛泽东选集:第 2 卷[M]. 2 版. 北京:人民出版社,1991:512.

方式过时了,有些不符合现在要求。或者说现在对新兵不管是身体上的、精神上的或者是人格上的打击和贬低是禁止的,但是以前都比较惯用,非常的常见。那在这个过程中,我们去寻找新的方式的时候,还没有形成系统的方法。像以前的激将、刺激,或者生气了打一打、骂一骂,也有一定的效果。现在被否定了。

受访者X31从带兵过程的角度谈到文明带兵观念已经深入人心,但是出现的负面效应是兵不好带的问题。

X31:打兵现象都不存在,尤其像是我们这种作战单位都不存在这种现象。现在管得严,到处都是信箱啊,网上也有举报的,举报电话,到处都有。所以,文明带兵,导致兵不好带,你说有的时候真的气得没办法,又不能打,打就是事儿,教育就是左耳朵进右耳朵出,说再多都没有用。你想这个哥们儿有的时候聊天能把他说哭,第二天该怎么样还怎么样,一点儿办法都没有。你不能说我们工作没做到位,一出问题上面就给你搞个连坐,连长、指导员、排长、班长、思想员、安全员全都给你搞个处分,给你搞得很恶心。然后上边又不管,他们只看事情发生的结果,不看事情发生的过程。所以现在兵不好带,确实不好带。这也不是方法的问题,他不吃你那一套啊。

受访者X6从带兵结果的角度谈到文明带兵矫枉过正,出现了新兵素质与训练要求不相适应的矛盾。

X6:现在的兵员素质比过去确实有点差,一部分原因可能是文明带兵提得有点矫枉过正。过去说不让体罚,是,我们的文明程度在提高,这也是部队的一个正规化的过程。现在把加大训练量作为变相体罚,那么这就有个问题了。就是上级要求下级文明带兵,同时又要求训练效果,这就有个矛盾。就是不要加练,不要体罚,同时要求训练效果,这就难了。而且现在新兵的话,接触信息广,他们民主意识、反抗意识也很强,他知道你拿他没办法,你不能打我不能骂我,不能加练,我还怕什么?所以就苦了一线带兵的这帮人。……要求[带新兵训练]不能靠近10厘米以内,哈哈。这种方式带出来的新兵素质可想而知了,他不会对上级有畏惧的心理。

文明带兵像是一把双刃剑,正如受访者X6所说:“这个就像《亮剑》中一样,早期的文明带兵与素质立身之争,政委说不能动,团长说你屁股上踹一脚可以。这种纷争其实依然存在。”文明带兵是部队新风气的体现,是部队发展进步的表现,对部队的和谐稳定是很有益处的。同时,这对带兵人的素质提出了更高的要求,当基层带兵人还保持着原有带兵方式的惯性,新的带兵模式还没有形成,就会产生诸如文明带兵与提高训练效果的矛盾和困惑,负面效应对部队的长远建设是会有损害的。

(三)训练强度因子识别

我们常说,训练就是战争的预演,战争就是流血的训练。台军教战总则规定:训练乃战力之源泉、战胜之凭借,全体官兵应本良知血性,自觉自动,从事训练,期成劲旅。“平时多流汗、战时少流血”“像作战一样训练”,生动揭示了严格训练与提高战斗力的关系。严格训练,更要科学训练。要进一步强化法规意识,坚持依法治训、按纲施训,坚决纠正有法不依、执法不严的问题,不断提高训练的正规化水平,确保人员、内容、时间、质量“四落实”。要遵循事物发展规律,科学制订学习训练计划,严格落实训练方案,不搞“一口吃个胖子”,不搞层层加码,不搞加班加点。要把握工作节奏,合理地安排各项工作,避免因任务时间紧、训练强度大、工作标准高等使受训人员思想包袱重,引发各类问题发生。

受访者X12谈到现在训练更严格、强度更大,也更正规、更贴近实战。

X12:训练就是比以前也是更务实了,更贴近实战了,而且训练的强度也比以前大了。……你看我们主要以带新兵为主,前几年有些课目没有接触的,现在我们也都在练。你像我们夜间打靶,以前都是在白天打靶,都没有经历过夜间打靶,你看我们现在就进行夜间打靶。还有其他的也是。比如说战术训练,跟以前也是有很多的区别。以前战术就是背个子弹带、戴个头盔,现在我们就是全副武装基本上,防毒面具,然后手榴弹、弹夹,我们相当于是一套组合,先爬完战术,爬完战术以后戴防毒面具,戴防毒面具以后再启动卫生救护，然后再进行投弹，投完弹以后再提着弹药箱。这是以前我们很少练的课目，现在我们都在逐渐来进行。包括现在5公里，我们现在都在跑5公里，武装5公里，对，基本上全副武装，戴头盔，穿单兵携行具，背枪，子弹袋，防毒面具，水壶，挎包，这都要带。

I：现在什么要求？

X12：现在25周岁以下的基本上是25分钟。然后［每］增5周岁多半分钟，多30秒这样子。

I：那现在要求确实很高。

X12：对。现在这个训练确实比以前要求的更严，确实有变化。

I：感觉比以前累吗？

X12：确实比以前要累一些。

受访者X9和X10从训风演风考风、聚焦实战等不同角度谈到了当前军事训练在逐步向好的方向转变，这对于官兵军事素质和部队战斗力建设都是大有裨益的。

X9：各个方面吧。在训练［方面］的话，确实是向实战聚焦的力度还是比较大的。我没有体验过。但是我一下部队之后，一些老士官就说，现在部队不好混了。就是想混的人是混不下去了。对一个人的身体素质、专业素养，要求都比较严。训练也不是那种一坐一天的训练方式了。必须主官去跟着监督训练，主官带着训练，难度也会逐渐加大。有夜训啊，夜间拉练，新的科目确实是层出不穷。

X10：［训风上］感觉还是有很大的改变的。之前的话，我感觉贴得还是不是很紧密，就是盯着你的考核科目来练，其他不考的话就不怎么练，有些东西就很缺乏。考风的话，慢慢就更加多样化，考的这种模式、考的能力更多了。就不单单是跑个5公里，好，就完了。现在是慢慢变好了吧。

训练强度高势必带来训练伤的问题。国外报道空降训练损伤率为

1.46~24.6/千人次跳伞[1]。军事训练伤是指军事训练直接导致的参训人员的组织器官功能障碍或病理改变,并按软组织、骨关节和器官损伤分成3大类。训练组织的不规范,造成人员思想上的松懈、行动上混乱,出现违规、失误操作等,导致安全问题的发生;训练质量的低标准,使人员在不具备一定的技战术能力的情况下从事高难度的课目,从而引起安全事故。梁洪勇、兰彩扬和陈兆斌等人认为,空降兵参训部队发生训练伤主要有4个原因:①训练任务重和环境恶劣;②训练准备活动不充分;③带伤病参加训练;④训练防护不到位[2]。训练伤既是医学问题同时也是军事问题。训练伤是军事活动中最常见的损伤之一,直接影响军队训练和出勤,损害人员健康和军队作战准备,造成时间和经济的损失。

受访者X22和X23都谈到了训练伤对个人以及连队工作的重大影响。

X22:我们单位就是很多人参加了比武之后,受伤的比较多。因为高强度的训练的话,没有得到一个科学的恢复、休息啊,很多人就受伤了。常见的有,空降兵基本上常见的有腰椎间盘突出,这是一个普遍的现象,还有半月板损伤的……所有人都在搞军事,这样的一个风气。但是这个导致了很多人受伤。受伤完了之后,基本上,部队是一个很有感情的地方,同时也是一个没有感情的地方,你没有用的话[就被淘汰了]。对,包括好多战士,有很多战士就为了考核的时候,连队和连队,爬战术爬得特别快,一下把这个肩膀给杵了,然后就做手术,回来跑步也跑不了,打枪也打不了,现在在连队就等着退伍了。

X23:训练伤这个问题,我不排除,不排除有些是无病呻吟。但确实有很多确实是身体有问题,有问题之后,他说的最多的就是领导不关心他。领导要让他去跑步,参加训练啊。领导想的可能是,你不能把我的风气给带坏了,我不能让你一点小病,就让你养着,

---

① 孙乾.空降兵空降训练损伤与知识、态度与信念及行为(KABP)研究[D].扬州大学,2006:39.

② 梁洪勇,兰彩扬,陈兆斌,等.空降兵寒区驻训中训练伤发生的原因及预防[J].航空军医,2013,41(3):115-116.

其他的生病的都养着，那部队怎么办？领导讲的是大局，但是他想就是领导没有关心他。

习主席强调："我军政治工作只能加强不能削弱，只能前进不能停滞，只能积极作为不能被动应对①。"但是，目前部队出现了过于强调军事工作而弱化政治工作的现象，导致政治工作削弱的问题。这与训练强度的高要求有关，是一个思想观念的问题。实践证明，军事不过硬，一打就败；政治不过硬，不打自败。无论战争形态怎么演变，军队建设内外环境怎么变化，军队组织形态怎么调整，政治工作任何时候都不能丢、不能变、不能弱。

受访者 X8 深入分析了军事工作与政治工作的辩证关系，并提出了在基层部队该如何做好政治工作的看法。

X8：政工当中，大家说有很多问题，政治工作虚了弱了，等等。我感觉，政治工作，也是有很大余地可以做的。……但是，方法手段上确实需要改进。现在发展多快呀，那时候我当指导员时候的方法手段，恐怕拿到现在，有些都过时了。更新发展太快了。主官当中，一个就是刚才说的政治工作，另一个就是跟军事主官的搭配。其实，连这一层呢，军事政工分得真不明显。……连这一层，指导员都参与了，不像往上，分得很细。下面这层，吃喝拉撒睡，你说指导员不懂训练，那战士有时候很难服你的。懂训练你还不能掉队，我是个政工干部，但我始终觉得……都说军事服从于政治嘛，这是大的层面来讲，基层这层就是训练。不说谁大谁小的问题，核心工作就是训练，对不对？现在政治工作，对连队的一些战士来讲，有些要求呢……上面千条线、下面一根针，你怎么把上面的要求指示包括一些规章制度落实到末端？说实在，很难。因为这个基层，基层官兵对政治工作接触这块儿包括理解都很有限。他们对一些高深的理论看不惯，听都听不进。你跟他讲，根本听不下去，这是其一。另外，你自己费劲备课干啥，最后没什么效果。你

---

① 发挥政治工作对强军兴军的生命线作用 为实现党在新形势下的强军目标而奋斗[N]. 解放军报，2014-11-02(1).

要完全按他们的来吧，跟上面的要求也有差距。只能在这个两个中间找平衡点。但是，总体来讲，战士宁愿训练苦一点累一点，他也不愿在政治工作折腾那么多时间。比如说，明天要考核要比武，大家加个班，请问政治工作加过班吗？除了个别时候，加班补笔记、整资料。其他让你加过啥班？背什么东西不让你睡觉？你不能这么干，这么干现在也不允许呀。

军事训练是为适应战争需要而进行的具有一定危险性的训练活动。训练质量与训练风险是一对矛盾。训练与实战贴得越紧，难度、强度越大，其风险性就越大。但部队经过近似实战的磨砺，战斗力水平离未来战场就会越近，战时“大安全”的风险就越小。实践表明，训练与安全是辩证统一的，训练质量越高，安全工作就越有保障；安全工作做好了，就能为训练扎实有效地进行创造条件。如果一味回避训练风险，片面追求训练“零伤亡”，人为降低训练难度、强度，虽然能换来一时的“小安全”，但松懈的后果则不但可能导致官兵的综合素质下降，而且连预防事故的能力也降低了。重训练轻安全，该抓不抓，该管不管，致使事故接二连三，造成人员伤亡、武器装备损毁，也会削弱部队战斗力。这从正反两个角度道明了军事训练强度的影响，一方面高强度训练会有一定的安全风险，另一方面越是贴近实战的高强度训练越能让官兵适应未来战场的环境，越能表现出战斗力。从访谈的情况来看，空降兵部队亦是如此。

（四）印象管理水平因子识别

印象管理，是指人们试图管理和控制他人对自己所形成的印象的过程。恰当的印象管理能够促进人与人之间的交往关系，是个人修养的体现；而不恰当的印象管理则可能弄巧成拙、适得其反。斯潘塞-奥特（Helen Spencer-Oatey）早就提出应该借鉴印象管理概念来解释人际交往中的面子行为的语用问题①。“面子是一种典型的印象管理行为②。”俗语讲：“人活一张脸，树

① Spencer-Oatey H. Theories of identity and the analysis of face [J]. Journal of Pragmatics, 2007, 39(4): 639-657.

② 王晓婧，张绍杰. 基于印象管理理论分析的面子呈现策略[J]. 东北师大学报（哲学社会科学版），2015(2):109-113.

活一张皮。”的确，中国人的印象管理会在面子问题上有所体现。“面子”，就是一个人自尊自爱的外在表现。爱“面子”说到底是一种心理需求，渴望得到社会和他人认可的一种需要，是正常的心理现象。人活在世上，谁都爱惜自己的面子。不过，有的人靠别人给面子，而有的人则自己争面子。与印象管理的恰当与否一样，正确的爱“面子”是自尊心，是进步的动力和源泉，需要保护和发扬；相反，太爱“面子”就会走向自尊的反面，变成了虚荣心。

受访者 X13 谈到了自己的一次丢面子的经历，同时反映了他注重维护自身形象的思想。

> X13：是去年，哦，是 17 年的 1 月份的时候。我带新兵跳伞，当时我士官第一年，我是班长，那一年我没有投放，但是我带跳。等于说，我是第一名，后面都是新兵。比较气人的是，因为着陆场那个范围就那么大，停车场就在着陆场的旁边，我就赶着去着陆场，赶着去那个收伞站比较近，我就往那边操纵，我就往那边去，但是×××（伞具），不像运动伞一样，×××（伞具）比较笨重，操纵不是非常灵活。
>
> I：就是水平运动速度比较慢，是不是？
>
> X13：对。我就想往收伞站去，离收伞站近一点儿，收伞站有很多新兵都在。那是我感觉最出丑的就是那一次。着陆的时候没着陆好，前面又是一排车子，车子前面 5 米处我着陆了，伞都上车了，我人没上去。新兵都在车子里，我摔下来，那是我感觉最丑的一次。这几年跳伞唯一丢面儿的就是这一件事儿。
>
> I：对你有啥影响吗？有点小伤？
>
> X13：人没受伤，就是在新兵心里面留下一个不是很好的印象。没起到一个很好的带头作用。因为我操纵的时候，我没有听对空广播指挥，因为我认为我自己跳伞次数比较多，可能有这种思想，自己就过去了。可能造成了一种给新兵的很不好的影响。自己是摔下去了，自己是很没有面子的那种，很丢面儿。就是这种感觉，算是唯一出丑的一次吧。

受访者 X10 则谈到了官兵有一种因为爱面子而羞于主动求助的心理，这对解决他们的心理困惑是一种阻碍，对个人的心理健康是不利的。

X10：我感觉，心理中有一种过程要把握。因为第1次和第2次都是一种蒙的状态。这种心理状态，基本上也能够把握这种规律。人在哪一段时间内是比较恐惧的、比较害怕的，在那个时间应该适当的引导和纠正，就是一种疏导。每个人的情况是不一样的。可能普遍来讲，要做一个调查吧。要说假如更具体的话，做心理工作，我觉得要开设咨询室啊。或者说他感觉确实很害怕了，又不好意思跟边上的人讲，跟上级又不能讲，相当于有个类似于保护的东西，让大家有一个心理宣泄的地方。这样，我觉得适当要好点。因为有些战士就是很好面子，他虽然很害怕，但是他会强撑着。就是说，我不能丢人啊，我得跳啊。但是他一直在克服自己，做斗争。像这种战士很上进，他很在乎在别人眼中的评价的。虽然他心里是很怯懦的，但是他一步步地在给自己做工作。

在现实生活中，人们的印象管理水平有高有低，常常会出现一些极端的表现。例如，在和身边战友的交往中，我们经常遇到一些这样的事例：有的人因一点鸡毛蒜皮的事儿争得面红耳赤，好像不争出高低就很没“面子”；有的人为了爱“面子”，花钱大手大脚，家庭条件不好却硬充“大款”，忘记了父母的辛苦；还有的人，因为一句闲言碎语而不惜动手打架，不计后果，把“面子”看得比生命还重。这些爱“面子”都不是真正的爱“面子”，这已经超出了“面子”的范围，就是印象管理上的一种失败。作为一名军人，该要“面子”的时候，丢“面子”的事是万万不能做的，我们不但要维护个人的“面子”，更重要的是维护军人的形象，维护军队的荣誉。从访谈情况看，印象管理水平也就是面子问题，既可以起到促进个体维护自身良好形象的作用，又可以成为向他人求助的障碍。

（五）家庭经济条件因子识别

家庭经济条件是家庭压力的重要方面。家庭经济条件的好与差是一个相对的概念，没有具体的衡量标准，一般来说是跟当地的生活水平相比较而言的。家庭经济条件好一般是指家庭收入比较高，家里有钱，能够保证生活富足，或是指父母有社会地位或有文化的情况。家庭经济条件差是指家庭收入比较低，家里没钱，生活比较拮据，或是指父母无工作或工作比较卑微，受教育程度比较低。对现代社会来讲，家庭经济条件的好坏都会导致极端的现象，并且在孩子身上有所显现。比如说，经济条件好的家庭，可能会对孩子溺爱和娇生惯养，也会因为父母工作忙碌而无暇顾及孩子的教育，致使孩子在自我约束和吃苦耐劳方面存在不足；而经济条件差的家庭，可能会让孩子更早地独立生活，孩子也可能因为家庭的拮据产生一些自卑心理。这些孩子进入部队，他们会有不同的看待世界的眼光。

受访者 X23 谈到家庭经济条件差的战士更愿意留队，同时有一些不令人满意的地方存在。

> X23：还有一个，我说一下自己的观察，目前，部队的一些当兵的人，可能家庭都不是特别的好，长期干的都不是特别好。他来这里干的唯一目标可能就是这个工作比较稳定，工资比较高，我觉得这是稳定人心的一种方法。当然，这个家庭条件差，必然带来的一些问题。比如说我们连队有一些偏远山区的过来的，然后看到一些还是跟别人合不了群，他一些东西还是信息不够发达。然后，他一些为人处世一些东西，不像那些经历过社会和城市里的那些人一样，不会来事。部队更多的就是，家庭出身不是特别好，这些人，很多的学历不是很高。现在虽然学历高一点，但是还是有很多初中生，他的一些人生观价值观还不是很健全。

受访者 X33 则谈到了家庭经济条件对战士吃苦精神和身体素质的巨大影响。

> X33：要说吃苦精神的话，现在也没有办法。现在独生子女很多，家庭条件也好，真正吃苦长大的已经不多了……吃苦精神由于家庭条件影响不可避免。再一个，就是身体上的，我的感受之一吧，现在孩子的身体素质差到不敢想象的地步。我对他们的评价是，你们十七八岁都已经过早地掏空了自己的身体。这个不夸张，因为他们很多过早地接触社会，出去打工也好，贪玩也好，不好好上学，家里再疏于管教，导致他们抽烟、喝酒、通宵熬夜，他们在身体发育期，但是真的是过早掏空了身体。烟酒也好，熬夜也好，身体底子会很差。像以前小孩哪怕是玩，也是运动式的玩，出去跑一

跑,闹一闹,这样无形中对身体是一种锻炼。现在的孩子更多的是电脑,手机,连屋都不出的玩,宅着玩,这样对他们身体的底子影响非常大。

有心理学家说:“一个人和他的原生家庭有着千丝万缕的联系,而这种联系有可能影响他一生。”的确,原生家庭——尤其是其童年的生活状况——会对战士在部队的行为表现有所反射。当前,战士乃至干部的家庭经济条件也直接影响他在部队的服役意愿和工作表现。

四、空降兵心理风险的预警

预警这一概念来源于军事领域,原是指在己方受到敌方危害或者潜在的危害时,预先发出警告信息以便己方做好相应的战斗准备,它主要应用于军事领域的雷达技术和导弹防御系统。……而今预警已被广泛应用于政治、经济、社会、文化、自然等许多领域[①]。心理风险预警,是指依据过往经验和相关制度,在发现和识别潜在的或现实的心理风险因素的基础上进行分析和评估,确定心理风险等级,并发布相应警报信息的过程。心理风险预警是心理风险管理过程的一个组成部分,是为心理风险控制作准备的。对空降兵而言,心理风险的预警是要面对空降兵部队的个人或群体建立心理风险预警系统,包括风险评估→参照等级→风险警报 3 个步骤,为达成“未雨绸缪、防患未然”的心理风险管理目标提供支撑。

(一)心理风险评估

心理风险评估是对心理风险因子可能造成的危害进行测量和分析的活动。心理风险评估实际上是为了衡量和预测可能的危害,具体是运用科学的方法,对已经掌握的统计资料、心理风险信息及心理风险的性质进行分析研究,进而确定各心理风险因子的频度和强度,为选择合适的风险处置方法提供依据。王二平从心理学角度出发,探讨建立基于态度的社会预警系统的可能性,提出由基本社会态度、对社会问题的判断、对社会问题的应对行

① 姚国章,邓民宪,袁敏.灾害预警新论[M].北京:中国社会出版社,2014:2.

为意向等三个方面构成的态度测量方法[①]。心理风险因素的评估是工作生活的心理环境持续改进的重要驱动力,应该建立健全以评促建、以评促改的体制机制。空降兵在跳伞前所进行的严把"三关"就是一种心理风险评估方式的体现。

> X5:跳伞员上飞机之前严把"三关"。一个就是把好人的思想关。思想有多方面,第一个你要热爱这个事业,第二个你不恐惧不害怕,这也是一个思想。现在把思想和心理在研究的时候分开了,其实它也是一种思想反映吧。第二关就是技术关。动作啊,操纵啊,特殊情况啊,叠伞啊……合格以后才能参加跳伞。还有一个就是把身体关。你身体必须合格呀,没有骨折现象啊,没有心脏病啊,等等……严把这"三关",[才能]安安全全地完成跳伞任务。

一般情况下,评估一个人心理风险程度方法主要有:行为观察法、访谈诊断法和心理测量法。

1. 行为观察

所谓观察,就是直接在一个自然情境中看个体的行为跟平时有什么不同。观察法是一种应用非常广泛的研究方法,几乎所有的科学研究都离不开观察。具体来说,观察法是由研究者直接观察记录个体或者群体的行为活动,进而分析判断两个或多个变量之间关系的一种研究方法。

受访者 X32 谈到了日常生活中和跳伞训练中的行为观察的情况。

(1)日常生活中的行为观察

> X32:平时咱们政治工作经常提到的"四个知道、一个跟上"[②]。平时也是一样的,你看看战士的表现、表情,训练的积极性,觉睡得香不香,饭吃得好不好,训练激情怎么样,包括他是高兴还是不高

① 王二平. 基于公众态度调查的社会预警系统[J]. 中国科学院院刊,2006,21(2):125-131.

② "四个知道、一个跟上"是基层干部要认真践行的带兵之道。其中,"四个知道",就是要知道战士在哪里、在干什么、在想什么、需要什么;"一个跟上",就是经常性思想工作要跟上。

兴,这些是把握战士心理的第一手资料。就看你用不用心了。假如你看情况不好,战士有问题,那该聊一聊就聊一聊,班长下去多关注。跳伞也是这样。人的承受能力肯定是不一样的,有的心理素质可能差那么一点,肯定是多鼓励嘛。

(2)跳伞训练中的行为观察

X32:那次主要是有两个战友受伤的,一个是比较严重的,另一个恢复了一段时间也没啥问题。有一个是跟我一个单位的,他的一个脚受伤了,后来走路就是一瘸一瘸的,粉碎性骨折。他当时是我的副手,我俩关系还挺好的。

I:他什么情况?

X32:他给我的感觉,他在刚开始训练的时候,叠伞的时候,明显有点紧张。他的程序也对,就是反应感觉慢了一点。一看,很明显他紧张了。平时训练的时候无所谓,真正叠升空伞的时候,每个人都小心翼翼地,他就是太小心了,那肯定是紧张了。包括他跳吊环的时候,明显的,看他的着陆[不一样]。看吊环哪里比较紧张呢?我感觉,有一个点还是比较准的……就是着陆的时候,手会有点松下去。这就是心理原因导致的动作变了。包括他实际跳伞着陆的时候,给我的感觉他肯定是紧张了。

I:你跟他聊过吗?

X32:聊过啊。其实,好多人都看到了,他着陆的时候是岔着腿下来的。大家都说,看紧张不紧张,有一种不正确的着陆方式叫作试探性着陆。其实真正正确的着陆方式,是被动着陆的。也就是说,你在着陆的时候,做好姿势等着,你下来就行了。

(3)综合性的行为观察

受访者X11谈到了一种长时期的综合性行为观察,更能对人的心理状态做出正确的评估。

X11:明确表示的,他不会跟你说,明确的没有。他不会明确跟你说我不跳伞,没有。他会通过各种手段表现出来。训练抵触啊,软抵抗啊，甚至身上疼一点儿，他装得非常疼，搞不了。还有你看他表情就知道，你说他身体没情况，但是训练表现，一上两米、三米高的平台，不敢跳，或者是跳的时候，别人都能保持动作下来，他是突突下来，跟面条一样的那种。像出现这种情况，要么是他自己确实害怕，要么是他家里或者谁跟他说了你别跳伞。也有这种情况，但是这种概率很小。你现在把×××（单位）700多个新兵集合起来，你说有没有不敢跳伞的，估计没有。为什么没有呢？那么多人，丢人啊。空降兵你不跳伞，你干啥呢？只有通过平时的观察。就是他不跳伞，你就是把他叫到办公室去，他也不一定给你说他不跳伞，也觉得丢人呢。所以说，要慢慢发现。一个是，平时的工作、训练、学习呀，观察，通过观察出来，尤其是在训练场，你看他们的表现。因为班长天天都跟他们在一块儿，他的一言一行，训练上的动作，班长是最清楚的，到底敢不敢跳。敢跳的，他就是抱着锻炼的目的，平时训练积极主动，你说搞啥，抢着上。那些不想搞的，就好溜边，一看吊环那么高、平台那么高，就让别人上，他就往后跑，能看出来。

一些心理学家认为，心理学是研究行为的科学，就是强调行为是心理活动的外部表现、是可观察的心理活动。对当事人的观察可以从四个方面进行：情境、人物、行为、频率与持续期。在空降兵基层部队，不管是政治工作还是心理服务工作，都强调通过行为的观察来掌握官兵的思想和心理状况。比如，“吃饭看饭量、睡觉看睡相、训练看情绪、娱乐看兴趣”就是掌握士兵思想动态的基本经验。

2. 访谈诊断

访谈是属于调查法的一种。调查法，是以关心的问题为起点，采用预先拟就的问题，让被调查者回答从而展示其意见或态度的一种研究方法。所谓访谈，就是我们看到有的个体最近好像情绪比较低落，可以主动关心他，与他当面谈谈。“最近你不怎么爱说话了，挺不开心的，能告诉我一下是咋回事吗？”“不知道你遇到什么事情了，我不知道我可以为你做点什么？”访谈者在帮助别人的时候，要充分考虑当事人的感受。

受访者X36谈到了自己与战士谈心的一些成功经验和切身体会。

X36：有些兵想调到机关去，机关超编非常严重，后来一查，这些兵都要清到连队里去。上次清了一次，连队就回去几个。一开始也不想干，没事儿就跑到老单位去聊天。那次把我气坏了，这里是想来就来想走就走的地方吗？当时也是血气方刚，就开了个现场会，把他们收拾了一顿。后来，找他们谈谈心，跟他们讲讲道理，有些情况不是我们要拿你怎么样，[个人]必须跟连队融合在一块儿。有什么想法，直接跟我们讲，能解决的就给解决好，解决不好那就扎扎实实在这里干。那个兵也不错，×××(地名)的吧。后来关系处得也非常好。其实，你要跟兵心连心地谈还是有效果的。很多成功的案例都可以学习的，只要你用真心、真情去带兵，我觉得是有回报的。

受访者 X23 讲到谈心需要一定的技巧和艺术，以及谈心很重要并且有很多益处。

X23：基本上都要过一遍，都要谈一次心。部队的谈心，我不知道有没有具体的规范。我觉得谈心也是一种艺术。部队谈心，很多干部包括我这方面还是不够。这也可能跟一个人的悟性、一个人的情商有关，有的人很容易走进别人的内心，有的人就不行。这个方面，有的干部有所欠缺的。谈心是部队里面很重要的方式，了解人非常重要的方式。而且跟战士聊天，很多战士反映，其实他们是喜欢谈心的。就是说，如果干部长时间不找他们谈心，他们心里面会很失落。他会说，这个干部要么不尽职尽责，要么是不关心战士。因为我排里有一个人向我反映，为什么连长、指导员不找我谈心？因为前一届连长、指导员，隔三岔五就要找他们。那为什么现在连长、指导员不找我们呢？我感觉，这对我也是一种启发，以后我干主官要经常找他们谈心。谈心非常重要，而且有时候利于管理。

在思想政治工作中经常用到的谈心就是一种访谈方法。在笔者所进行的访谈中，受访者多次讲到在部队自己跟战士谈心或者自己被领导谈心的情况，仅说到“谈心”二字的就有 26 处之多。可见，谈心不仅成为政治工作者掌握官兵思想动态和心理状况的一种手段，也能够起到心理按摩的作用，从而帮助上下级消除心理隔阂，成为融洽关系的润滑剂。

3. 心理测量

心理测量就是通俗意义上的问卷法，这也是调查法的一种。所谓心理测量，就是采用标准化的心理测验量表，对当事人有关的心理特征进行定量评价，以发现当事人在危机中的各种心理与行为的变化情况。在心理风险评估中常用的心理测验有智力测验、人格测验，心理问题及心理疾病的症状，严重程度评估、应激或压力评估等。对基层部队官兵来说，接触到心理测量一般有三种场合：一是在入伍前的征兵心理检测，二是在新兵期间所进行的心理健康测试，三是在重大任务前所进行的心理情况筛查把关。

受访者 X23 谈到了自己对心理测量的认识，并且认为心理测量应该积极地进行中国化。

> X23：心理方面，大学的时候也看过不少的书，但是，都不是系统性的，都是喜欢看一看，随便看一下。然后，报这个心理咨询师，学到一些东西。我感觉，实践性不够，还是一些理论的东西比较多。而且你不钻进去的话，一些东西，遇到那些心理测试表格……我一直感觉中国这个心理咨询这个方面发展还是不够，这表格都是外国人设计的，它可能不符合中国人的。

在科学研究中，单一的研究方法具有一定的局限性，常常会利用多种方法来共同研究一个问题，做到相互之间的印证，以达成更好的研究效果。在实际生活中，人们也常常会自觉或不自觉地用两种以上的评估方法，以便相互支持或印证，从而对问题得出更准确的判断。访谈者 X10 的亲身经历就能很清楚地说明，教员很好地利用了行为观察与简单访谈两种方法的结合。

> X10：我也不记得是哪一次，就是有一次，早餐好像是没吃好，精神也不是很好，一大早就去了。去了，上到飞机上之后，感觉有点晕。有点晕之后，就趴在备份伞上就想……闭目养神一会儿，趴着就晕，一晕就是出汗，冒一身虚汗，就感觉口干舌燥。当时教员就看见了这种状态，当时就给了我一瓶水，就问问我状态能不能跳。[我都]打算已经不跳了，喝了一瓶水之后，就稍微又缓过来了。缓过来之后，就觉得不跳也挺可惜的。前面的工作都准备了这么多，

大家都跳了,我背着伞下去了也不合适。“机降司令”,是吧?这个非常不光彩。到状态好之后,也就正常地跳出去了。跳出去,伞开了之后就感觉非常清爽。人就清醒了,感觉那种晕的状态也就没有了……那次也就安全地下来了,也没出什么问题。

哈佛商学院安德鲁斯(K. J. Andrews)教授在《公司战略概念》(1971)一书中提出了SWOT分析法,也叫态势分析法,经常用于企业战略制定、竞争对手分析等场合。其中,S代表优势(strengths),W代表劣势(weaknesses),O代表机会(opportunities),T代表威胁(threats)。S、W,主要针对内部条件,即优势劣势分析主要着眼于企业自身的实力及其与竞争对手的比较;O、T,主要针对外部条件,即机会威胁分析聚焦在外部环境的变化及其对企业的可能影响上。由于SWOT分析具有高效直观的功能,现在也用于自我分析、职业规划分析等方面,而且也被当作风险评估工具来使用。依据SWOT分析法,对空降兵心理风险进行评估时,既要考虑个体、群体和环境因素,还要考虑风险因子、保护因子和双向因子,只有综合分析才能达成更准确的评估结论。也就是说,要在识别空降兵的心理风险因子、心理保护因子和心理双向因子的基础上进行综合的心理风险评估,这样才能准确地发出心理风险警报信息,进而采取相应的措施以控制心理风险。

(二)心理风险等级

安全风险可分为4个等级:一般风险、较大风险、重大风险、特大风险。等级确定通常按照建立评估组织、确定评估方法、开展评估分析、做出评估结论、提出评估报告的程序进行,采取技术检测、模拟试验、综合分析等方法,对安全风险进行定性定量的分析与评价。空降兵乃至全军的心理风险的等级确定必须以部队战斗力为标准,这是我们一直强调的一种思想。也就是说,要以心理风险因素对部队战斗力的损伤程度来判断和区分心理风险的等级。参照安全风险划分的4个等级,空降兵心理风险也可以划分为4个等级。

第一等级为暂时没有风险状态。具体而言,对部队战斗力没有明显损伤,这时绝大多数官兵处于良好状态。

第二等级为轻度风险状态。这时候,战斗力有一定量的损耗,或者类似于亚健康状态,个人战斗力的发挥暂时无明显影响,但存有隐患,长期来看这种状态不具有持续性,而且战斗力损伤的概率明显增加。

第三等级为中等风险状态。此时,个体的战斗能力明显下降,自身的训练水平不能发挥,对部队战斗力有较大损伤。

第四等级为重大风险状态。在这种等级状态下,个体可能丧失作战能力,对部队战斗力的贡献几乎为零,或者出现重大伤害、杀人与自杀等恶性事件,对部队战斗力造成重大危害,甚至对战斗力的贡献为负值。

就空降兵心理风险而言,这4个等级的划分更多是理论性的,需要进一步结合量化研究及大数据技术进行数量化和精细化,这是未来工作的一部分。

(三)心理风险警报

心理风险警报是在心理风险评估的基础上,以部队战斗力为衡量标准来确定心理风险等级并据此发布相应警报信号的过程。斯密斯(Denis Smith)的危机周期理论认为,“预警”处于“危机管理周期及其预防模型”的第一阶段,是一个组织对任何内部的或外部的危机迹象(风险)进行预警。当一个组织未能预警到重要的危险信号,或者对预防机制中将出现的危机没有应对措施,或者没有情境损失限定机制和恢复机制,灾难就会出现。所以,根据一定的标准发出合适的警报非常重要。心理风险预警标准的获得,一方面可以依靠经验制定行为性指标,另一方面也需要利用大数据技术来制定数量化指标。警报系统可根据心理风险的等级以颜色分级示警,分别用绿色、黄色、橙色和红色表示不同的风险警戒区间。

(1)心理风险绿色警报。绿色警报,表示个体心理处于正常状态或可控的范围内。

(2)心理风险黄色警报。黄色警报,表示个体心理处于低度风险警戒区间,其心理发展可能受到内外部不确定因素的影响,有向危险发展造成损失的可能,应做好危机防范的准备。

(3)心理风险橙色警报。橙色警报,表示个体心理处于中度风险警戒区间,说明心理风险可能性和危险性比较大,部队必须向有关部门和人员通报这一情况,并对其进行及时干预。

(4)心理风险红色警报。红色警报,表示个体心理处于高度风险警戒区间,需要立即作出反应,并做好危机的防范工作,以防止造成严重后果或控制危机事件扩大化。

根据海因里希理论，只有有效地控制小工伤和非工伤(虚惊)事故，才能有效地避免严重事故的发生。所以，很多企业尤其是生产企业都设有虚惊事件报告制度，利用该制度来防止向大事故的演变，做到防患于未然。这将成为心理风险能够做出相应警报的理论和实践基础。法国未来学家H. 儒佛尔提出：没有预测活动，就没有决策的自由。这被称为儒佛尔定律。有效预测是英明决策的前提。将来要以心理风险预警理论(评估+等级+警报)为基础，将空降兵心理风险等级数量化，并计算出预警数值，通过聚类分析确定聚类点，确定心理风险预警区间，将空降兵心理风险预警工作可操作化和可视化。古人讲“凡事预则立，不预则废”，做好预防才能有备无患。预警的目的是及早采取应对的措施。因此，空降兵心理风险的识别与预警就成为心理风险控制的基础性工作。

第四章

空降兵心理风险的控制

军人的心理素质，已经成为部队战斗力的基本构成要素。《军队预防犯罪工作条例》(2019)明确规定："各单位应当针对官兵心理特点和变化规律，积极探索运用心理科学做好预防犯罪工作的有效途径，培养官兵健康的人格和良好的心理素质，防止因心理疾患引发违法犯罪和自杀事件。"这为空降兵心理风险控制提供了指针。风险控制是指风险管理者采取各种措施和方法，消灭或减小风险事故发生的各种可能性，或者减少风险事故发生时造成的损失。风险管理学认为，风险控制的策略包括风险回避、风险降低、风险自留和风险转移等。日本大阪教育大学教授小山健藏认为，学校危机管理涉及三次预防工作：采用一系列安全管理和教育措施尽可能防止危机发生的一次预防；危机发生后尽可能将各种危害降低到最低化的二次预防；促使学校内外成员的安心感、安全感和信赖感尽快得以恢复的三次预防。这为研究空降兵心理风险控制提供了理论借鉴。在空降兵部队的实际工作中，的确需要有分级应对风险的观念，也就是根据心理风险的不同程度采取相应等级的控制措施。

一、空降兵心理风险的初级控制

空降兵心理风险的初级控制，要坚持未雨绸缪式的预防理念，其实质就是心理风险的防范。心理风险防范是指事前采取一定的方法措施降低心理风险造成不利事件发生的可能性或者概率。这是一种预防性的心理风险控制策略，是一种积极的应对心理风险的手段。心理风险的初级控制针对的主要是黄色警报区，当然也涵盖绿色警报区。在初级控制时，最重要的原则是主动预防。危险事件的偶然性、突发性和破坏性决定了主动预防是工作的重中之重。心理风险预防性控制是指在危险事件发生前采取措施，消除风险因素或减少与风险源接触的概率,降低心理风险事故发生的概率。

空降兵心理风险的初级控制主要包含三部分内容:一是平时制度化的心理健康教育,目标指向心理健康维护;二是定期规范化的团体心理训练,目标指向心理素质强健;三是以朋辈辅导为主的心理支持,目标指向心理状态恢复。

(一)心理健康维护

不管是《关于加强新形势下军队心理服务工作的意见》(2009),还是《军队思想政治教育大纲》(2009),抑或是《军队基层建设纲要》(2020),都把心理健康教育列为心理服务的最基础的内容。心理健康维护主要就是开展有目的、有意识的心理教育,教给官兵一定的心理科学知识,把心理健康知识渗透到思想认识中,使他们掌握相应科学性的、个性化的自我心理调适方法,加强人与人之间的心理沟通,增强其心理承受能力。

在空降兵基层部队,开展心理服务工作最常见的形式也是心理健康教育,受访者X9谈到了部队在这方面的一些做法。

> I:我想了解一下你们单位心理工作这一块。
>
> X9:心理,我好像接触的比较少。那时候会请一些教员到部队讲座,去给官兵解决一些现实的问题。但是这个方面好像比较少。
>
> I:你在单位两年半时间,心理教育你印象搞过多少回?
>
> X9:印象搞过3回吧。都是请其他单位的教员去讲课,进行心理方面的辅导。
>
> I:讲的什么内容?
>
> X9:主要是心理放松。给干部主要讲……给官兵讲进行心理疏导的方法。干部和战士讲的是不一样的。有分开的,有合在一起的。
>
> I:相当于对干部进行了专门的培训。
>
> X9:简单的培训吧。时间比较短,不能说是一个很完整的培训,就是教一些简单的方法。

受访者X32谈到包括心理教育在内的政治工作不应该走形式、撑场面,而应该做在平时、细致入微。

X32：我认为政治工作发挥作用不是在课堂上，政治在课堂上我感觉作用不是很大。就是随机性的教育是最有效果的，我这么感觉，在解决问题中发挥作用。包括拉练途中，也是这样，你看到大家都很累，都很烦躁的时候，你非要逼着大家搞一些活动，这效果适得其反的。本身大家比较烦，你还要让大家搞这搞那，这就是政治工作撑场面。这时候应该是鼓励性的东西，而不是搞那些形式上的东西。比如，在叠伞的时候，多表扬表扬，可能他叠的不是很好，表扬，说你这个伞肯定没问题，在心理上多少会有些安慰。所以，我的理解是，政治工作是做在平时，做在战士的心坎上。最重要的前提是治病，怎么治病？就是这些细致入微的点。把握好，去针对性地做工作。

在团体心理教育中，可结合心理学原理，指导官兵正确应用心理放松方法，学会缓解和减轻压力，释放不良情绪，维护自身的心理健康水平。心理健康教育应以全方位、多层次、立体化的形式运作，提高官兵发现和应对心理问题的能力。同时，也应该扩宽渠道，动员社会力量参与，利用新媒体等多种资源，向受波及的官兵宣传心理危机和心理健康知识，宣传和教授一些简便实用的心理放松和应对技巧，帮助空降兵部队官兵顺利度过危机。

（二）心理素质强健

现代战争高精尖武器的广泛运用、心理对抗强度的不断加大，给官兵的心理承受能力带来巨大挑战。只有具备良好的心理素质，才能在战争中经受住考验。良好的心理素质是官兵完成任务、化解危机的必要前提，是部队战斗力和战斗精神的重要因素。《军语》把“心理服务”定义为：运用心理学的原理和方法，对官兵进行心理疏导，维护官兵心理健康，培养良好心理素质的工作[①]。这强调了心理素质强健在心理服务中的核心地位。心理素质强健的重要途径是心理训练。贺岭峰和田彬认为，“军人的心理训练，就是通过设置近似实际情形的心理应激源，对受训者施加一定的刺激和影响，并逐渐加大心理负荷，以增强军人的心理素质和适应能力，改善其不良心理状

① 全国军事术语管理委员会. 中国人民解放军军语（全本）[S]. 北京：军事科学出版社，2011：467.

态，提高其心理活动效能的过程[①]”。受访者 X5 有着丰富的跳伞训练经验，他说：“心理关很关键。所以说，我们训练要加一项跳伞心理［训练］。”受访者 X11 则表达了身心互动的观点：“新兵过来，地面动作，还有体能，必须要练。不练，身上没劲儿，他心理素质也不太过硬，降落伞操纵都受影响。”心理训练能够提高官兵的心理素质，可以为克服战争中的负面心理效应打下心理基础，从而改变紧张状态对官兵的心理和行为的作用性质，提高官兵的心理活动水平。

受访者 X38 谈到心理训练给自己带来了潜移默化的积极影响。

X38：我感觉，自己在心理行为训练中能够抓住那个杆了，从心理上潜移默化给我影响，那种支撑和信心。当时对准机门就敢踏出去，我感觉有潜移默化的影响吧。

受访者 X10 结合自己的切身体会谈到心理训练给自己跳伞带来了信心，并提高了自己的适应能力。

X10：因为很多就是过一个心理关，我感觉跳伞。基本上伞的安全性能都是非常好的，基本上就是一个人的心理。假如你越自信，反而越不容易出事。假如你心里这想想那想想，心里犹豫不决，或者说有一种畏缩的情绪的话，反而更容易出事。

I：你在×××（地点）参加过心理行为训练高空的课目吗？

X10：参加过啊。

I：你觉得那个对跳伞会有帮助或者影响吗？

X10：我觉得还是有影响的。因为那种高空课目，人确实不一样，你在底下可能说是感觉不害怕，但是你上到一定的高度之后，确实有一种恐高的感觉。好高啊，一种压抑感，或者窒息感，都会有。就是提前了你感觉的那一种环境，可以稍微适应一下。打个比方，就好像游泳的，可能刚下水的人就感觉压得胸慌，你说直接把他扔下去肯定不合适。让他提前感受下水压，然后再让他学习

① 贺岭峰，田彬. 军事心理学概论［M］. 北京：北京师范大学出版社，2016：81.

游泳,慢慢适应了这种感觉。我感觉心理训练还是有用的,因为当时有几个项目,我现在还记得。第一个就是飞跃自我,就是在立柱上去抓那个杆,那个确实站在上面很晃,脚下没底,是空的,它很晃。看到边上人,确实感觉很高,又紧张,越紧张越晃。可能脚上手上的协调配合能力就非常差了,就没法一起完成这样的课目。就这样,多上两次的话,多适应,那确实有很大的提高。就是不再惧怕这样的一种环境了,就相当于适应了这样的一种状态。

受访者X11谈到心理素质对于跳伞的重要性以及当前部队开展心理训练的情况。

X11:那就是在心理行为训练,怎么样能增强他的胆量这一块。我感觉这一块比较重要。现在很多人跳平台,平台也就是这么高,2米高,再加上人的身高,视线下去,大概3.8~4米之间。所以他感觉非常高,其实脚离地面不高。像我们跳多了没事儿,那新兵站上去,加上视线感觉有1层楼的高度了,所以他往下看的时候就比较害怕。但是他心理素质比较好的话,他搞一次就知道怎么回事了。那些心理素质不行的,他越搞越害怕,感觉这么高怎么跳啊,动作下来就是刺溜下来的,或者是扶着滑台跳下来的。所以说,胆量这一块非常重要。后面还要搞模拟器跳伞,模拟飞机那种失重的感觉,包括信任背摔,可能下一步都要搞。现在新兵跳伞心理紧张,包括后边不敢跳,心理素质,胆量,练这一块我感觉很重要。

I:咱们这边有心理行为训练的器材吗?

X11:有。信任背摔,专门建了个地方,包括模拟器也有。现在这个平台训练,也是锻炼他的心理素质。你说真正跳伞的动作跟我们着陆动作有多像,没有多像。那无非就是锻炼他的腿劲儿,多跳他的腿劲儿肯定强一点儿。还有就是养成一个习惯,这么高的高度,你别害怕。它是安全的,科学的,不是让你瞎跳。

实验研究表明,官兵在重复受到危险刺激两到三次之后,就可以大幅度地减轻恐慌心理。训练实践也证明,不同的人承受心理压力、进入“应激状态”的程度不同,经过心理训练的人“应激”反应程度明显减轻。戴尔(G.

Dyer)在《战争》一书中指出:“训练不如叫建立条件反射,即巴甫洛夫式的条件反射。因为普通士兵要做的不是思考,而是……机械地装弹、射击,即便是出于战场的压力环境中也不例外[①]。”根据条件反射建立的原理,心理训练要按照循序渐进的原则,依据军人心理素质形成的生理、心理等规律来进行,由易到难、由浅到深、由弱到强,最终达到最佳训练效果。劳霍姆-斯科特(C. Lawhorne-Scott)和菲利普特(D. Philpott)指出:“军人心理的强健是我们的最终目的,但不幸的是,在我们的工作中没有把这一目标真正贯彻实现[②]。”我军空降兵部队同样也面临这一问题,从现实情况看与美军相比问题可能更为严峻。空降兵部队官兵不仅认识到开展心理训练、提高人员心理素质的重要意义,更认识到科学地加强心理训练以及开展心理素质强健方面的研究是一种基于现实的迫切需要。

(三)心理状态恢复

心理状态恢复主要是指空降兵部队官兵在遇到有烦恼、困惑、忧虑、恐慌等心理健康问题时,通过一定的方法恢复到完好状态的过程。一般有两种方式,一是自我调适恢复,另一种是通过身边战友的帮助得到恢复,后一种其实就是朋辈心理咨询。所谓朋辈心理咨询,是指在人际交往过程中人们互相给予心理安慰、鼓励、劝导和支持,提供一种具有心理咨询功能的帮助的过程[③]。心理学家发现,向知心朋友诉说是除自我调节外最常见的心理疏导方式。“心理互助”符合青年官兵的实际心理需要,青年官兵往往喜欢向战友尤其是同年兵打开心扉、相互交流、倾诉烦恼。专注的倾听,合理的劝导,理智的分析,真诚的安慰,在很多时候会有助于身陷困境的战友恢复自己的思考和判断能力,调整好自己的情绪,重拾自信心,更好地面对和度过危机。

受访者 X6 谈到在新兵遇到紧张恐惧情绪时,班长讲自己的亲身经历的做法,其实就能够起到朋辈心理咨询的作用。

---

① DYER G. War [M]. London: Guild Publishing, 1985.

② 劳霍姆-斯科特,菲利普特. 军事心理健康指南:军人及家庭、社区手册[M]. 冯正直,祖霞,译。重庆:西南师范大学出版社,2016:Ⅸ.

③ 陈国海,刘勇. 心理倾诉:朋辈心理咨询[M]. 广州:暨南大学出版社,2001.

X6：都是营连这一级，尤其是班长这一块，做得非常好，都讲自己的经历。就是我们身边有这么一个人，可能年龄相仿，我跳了100次伞、200次伞，就是说大家先接受这个事情，这是不太难的事儿。然后，我们有很多方式，当时我们不是比动作嘛，比如说离机动作呀。当时我们连一共40个人，我们班长是这么回事，×××（地名）的站一排，×××（地名）的站一排，互相比一比，看看哪个省份的表现得好。这就激发出来一部分作用。

受访者X9则谈到自己被战友帮助解决心理困惑的经历，成为一种很美好的记忆。

X9：战友发生挺多事儿的，因为我们同一批排长下去之后，一起训练嘛。整个过程也是1个多月的时间，确实是比较艰辛。尤其是我接受能力比较差，跳平台呀，还是离机，动作训练的时候就是跟别人的差距比较大，用的时间比较多。包括教员啊，包括战友啊，互帮互助的精神还是挺好的。跟复训跳伞不一样，毕竟是作为干部，在士兵面前可能怕丢面子或者什么，但是同一批学员就不会有那种感觉。

香港大学心理学崔日雄博士说，“一个朋辈心理咨询员的作用不亚于一个心理学专家”。朋辈心理咨询是对于专业心理咨询的有益补充。所以，应该充分利用部队集体力量，培养专业化的“朋辈咨询师”，可以大大减少心理危机的隐藏性。心理骨干、班排长等接受一些正规的专业培训，与心理危机当事人年龄相仿，在价值观、心理特征方面具有很多相似性，更容易互相理解和沟通，双方在助人与受助的过程中实现共同成长。已有研究显示，中国大学生自杀率大大低于西方国家的原因是与中国大学生居住环境集体化密切相关。事实上，部队的居住环境亦是如此，因此，应充分重视和发挥朋辈互助的作用，以帮助官兵进行心理状态恢复。

二、空降兵心理风险的二级控制

空降兵心理风险的二级控制要坚持大禹治水式的疏通理念，其实质是采用一种风险减轻的策略。所谓风险减轻，是指不利事件发生时采取措施减少其不良后果。心理风险的二级控制是在初级控制的基础上实施的,主要是针对橙色警报区反应。在橙色警报区间,心理风险的危害性较大且较难控制。心理风险控制不是心理咨询这一单独途径所能够完成的,部队、家庭、医疗机构和其他部门之间的合作、联络、联合、系统化、共同努力,会使心理风险控制工作更加有效。

空降兵心理风险的二级控制主要包括三部分内容:一是实施重点实时监控,其目标指向为心理危害控制;二是心理咨询或心理治疗以及针对严重事件的晤谈,其目标指向为心理问题缓解;三是部队—家庭合作模式的行动联盟,其目标指向为心理能量补给。

(一)心理危害控制

心理危害控制主要是指当个体出现心理危机的情况时,应采取监控等措施以使个体或群体减少进一步损失的过程。领导和骨干要密切关注官兵的情绪变化,当发现行为状态改变较大的个体时,应该及时靠上去了解情况,对其做劝导工作并施以关心关爱,加强心理调控疏导,经常组织开展自我放松、自我暗示、自我调节训练,提高官兵化解心理压力、释缓负面情绪的能力,切实铸牢官兵的"心理盾牌"。

受访者 X3 讲到了自己的一次跳伞特情,由于处置得当没有出现意外情况,但总体来讲相应的安抚措施当时是欠缺的,后来有一些配套的制度在逐步完善。

> I:我听说,出现特情处置好了可以立功受奖吗?
>
> X3:当时部队这个事(X3 与指导员两伞相叉,处置得当,安全着陆),连个嘉奖都没有。指导员下来之后就说了一句话,处置得非常好,明天继续跳,哈哈,哈哈……现在是重视了,以前还没有。原来新兵主伞不开,你打开备份伞了给你个三等功。主伞确实没开,打开备份伞了,保住命了,给你个三等功。
>
> I:上次他们两个新兵两伞相叉,处置得好,安全着陆了,一人一个三等功。看来这个制度是逐渐完善的,是吧。
>
> X3:[制度是]逐渐完善的。原来这都不算啥事,你处置好了,没摔伤,没影响到别人,没影响到自己,都没事,都过去了。甚至下次讲特情的时候,这个事连个例子都不举,不会再提。当然,班长

讲课，跟教员讲课不一样，他就是讲书上的东西……就是身边有活生生的例子了，他也不会拿来做个案例来，也不会来说这个事。

受访者 X8 也谈到一起险情，对一名跳伞官兵的心理有巨大的冲击，在处置上只是做了把关处理，相当于在心理上做了阻断，不让其再受心理冲击和伤害。从心理危害控制的角度来讲，只是做了最基本的部分，没有让危害进一步扩散，但是还有很多配套的措施需要跟上。

X8：×××（名称）队的时候，当时我是第 2 名。我印象是第 4 名、第 5 名两伞交替，排气孔都钻进去了，交替失效，一直没有破解开，最后两个就协调着陆了。不过那两个人对跳伞都有阴影了。也就是把他的关了，不让他再跳了。就是在我后边，……在空中看得很清楚，两个人，唰……唰……一直往下掉，最后到一两百米，排气孔打开也不行，打开也是失效。刚开始开了，开了掉，还是失效。掉的时候，两个人都失效了。后来，烧着烧着，把那个操纵带、操纵绳把它烧断了，然后两个伞才分开，还是很可怕的。如果不分开，肯定要有一个人废。交替嘛，谁交替谁废。反正后面×××（名称）队就没让他们再跳了。他们也不跳了。肯定吓坏了，也不想跳了。

I：当时有没有做思想工作，或者处理意见？

X8：当时×××（名称）队基本上都是军事干部，没有什么政工干部呀。基本上军事干部一肩挑了。做工作也不专业，基本上就是，算了，别跳了。站在军事的立场来讲话喽。在这个立场就很简单地处理过去了。没有说给你再进行疏导疏导干啥的。就是把关一样，把了。

I：在心理上相当于阻断嘛，让他们别接触这个了。

X8：对。

对于心理风险较高的个体而言，主要依靠连队干部、班排长和心理骨干以及寝室战友为主的心理安全监护小组，及时了解关注对象的心理与行为状况，对危机个体进行安全监护。监护小组应向政治指导员及时汇报心理危机个体的状况。对于出现严重心理问题且对自身及他人生命、财产安全构成威胁者，应指派监护小组对危机个体进行 24 小时全程监护。

（二）心理问题缓解

心理问题缓解是针对官兵心理不健康的情况采取心理咨询和治疗的方法，使个体问题得到缓解和心理重新达成平衡的过程。心理咨询或心理治疗是针对心理问题的最常用的方式。师（旅）团心理咨询中心对处于心理危机中的官兵应进行及时的咨询和治疗，对症状表现较轻、危机程度不高者，以接受本单位心理危机干预机构的治疗为主。李强、张立新和陈娟等人对空降兵开展的研究认为，“综合心理行为干预有助于降低高原环境的生理、心理应激反应，对提升急进高原空降兵的身心健康水平有积极作用①”。

受访者 X8 谈到针对有些战士的心理问题进行缓解疏导的情况。

> X8：跳伞出事，要辩证来看，有些战士就爱钻牛角尖，总觉得自己是其中一员。对不对？这个你肯定要疏导他了。首先是正面给他讲，空降兵不跳伞，耻辱！当空降兵不跳伞，当什么空降兵啊？历史上来讲，我军的传统，革命的前辈，跳伞怎么怎么……打仗都不怕，跳伞不跳还打什么仗啊？从作风上多进行正面的教育。另外呢，钻牛角尖的，该疏导疏导，不疏导，有些就是转不过来那个劲儿。总感觉练得再好，还有个比例，还是有担心。另外，有些兵在信仰这块儿，信仰些其他的东西。信仰也是一个问题。他不相信科学，相信说不上来的东西。很怪，新兵的思想，思想是很难统一的一件事情。心理，首先从思想找问题。思想没问题了，才是心理……新兵刚来，没有到那一步。有些心理问题，在跳伞之前都可以发现的，发现了之后就及时给他疏导。实在疏导不了，为了安全起见，只能让他搞其他的。死活不跳，你不能强制性地把他扔下去呀，这也不符合发展，对不对，从情况看，有这样的人，很少很少。

受访者 X23 已经是一名心理咨询师，虽然缺乏实践经验，但是他认为应该对战士的心理问题针对性开展工作，而千万不能对他们的心理造成二次伤害。

① 李强，张立新，陈娟，等．综合心理行为干预对急进高原外训空降兵心身的影响[J]．解放军预防医学杂志，2016，34(1)：59-60.

X23:我学了心理咨询师,就跟今天下午讨论的一样,很多问题它就不是心理问题,它完全就是思想问题,思想对症下药嘛。思想问题就从思想的源头解决。心理问题就要特殊对待的。对,而且如果我学了心理学的话,心理学这方面,我感觉它有针对某一种心理异常的一套解决方法,但这些方法我不是很掌握。但是如何来缓解,如何去……或者处理这些战士的一些问题的话,可能会从专业性的一些角度,不会说对他进行再次的伤害。我感觉这个很重要。

团体干预是相对于一对一的个别干预而言的,在军队比较适合和常用。它是将心理问题相同或相似的人组成小组(几人至十几人)同时给予干预,让小组成员通过团体内人际交互作用,分享紧张和焦虑,进而接纳自己的危机反应,并通过观察别人的行为表现来反思自己,考虑应对危机的方法,解除心理困扰。紧急事件应激晤谈是由米歇尔(J. T. Mitchell)在 20 世纪 70 年代提出,是一种通过交谈来减轻心理压力的方法,以团体形式进行。在充分放松的状态下,请每一位经历创伤事件的官兵逐个描述事件发生过程中的感受,并描述身心的变化或症状。通过事件还原和一般化处理初步降低被干预者对事件的敏感度。这来源于军队早期干预的主导模式,即"米切尔模式",此方法包含 7 个阶段的结构化晤谈[①]。这可以作为心理问题缓解的方法在空降兵部队进行实践。

(三)心理能量补给

心理能量补给是通过各种活动给予心理危机中的个体以力量感,让他们感受到心理上的温暖和情感上的支持。生命共同体意识是亲密战友之间产生的情感联系。通过开展丰富多彩的文体活动,丰富官兵的业余生活,培养他们积极向上、乐观进取的心态,在官兵中形成团结友爱、互帮互助的良好人际氛围。在监护、心理咨询的同时提高心理支持,生命共同体催生战友间心理危机觉察意识,促使战友自觉投入爱心援助行动。各级领导、骨干帮助需关照的官兵解决生活上的困难,做他们的知心朋友。家庭—军营合作

---

① Kennedy C. H., Zillmer E. A. 军事心理学:临床和作战中的应用[M]. 贺岭峰,高旭辰,田彬,译. 上海:华东师范大学出版社,2007:290-291.

模式应打通心理危机信息通道，建立合力行动联盟。动员家长、朋友对心理危机当事人多一些关爱与支持，必要时可邀请亲人来队陪伴和给予心理上的温暖。

受访者X34谈到对受伤战士进行慰问的情况，这是一种给予战士心理温暖和能量的活动。

X34：我当战士那会儿，还是新兵连。新兵一走就只剩几十号老兵了。一般都是连队、×××（单位）里边去医院里面慰问。个人的话一般都去不了，医院太远不方便。慰问的话就是养伤嘛，毕竟是连队有任务，代表连队去的，把伤养好了就行。

受访者X10谈到一名战士的受伤经历对个人和连队带来了一些困扰，这需要个人、军队、家庭、社会等各方共同努力来帮助其获得心理能量来度过难关。

X10：没来之前，我们单位有一个落地之后腰椎是粉碎性骨折。他是上等兵时候跳的。就没办法退伍了，没办法，就留的士官。他就是落地之后，然后就是住院，打钢板，然后去钢板。到第3年结束了之后就退伍了吧。基本上两年多的时间都在治疗。原先包括刚开始的时候，都是一个非常上进的一个人，想着组织啊都是非常好的，给看病什么的都很好的。后面渐渐地感觉这种病痛的折磨啊，就慢慢地把这个心理给改变了。刚开始的时候，就是该照顾的照顾。后面毕竟他已经出院了之后，也是要求不多。

I：他评残了吗？

X10：评残了，8级，好像是8级吧，具体也没有关注他是多少级这个事，反正伤是伤得挺严重的。后面慢慢对他整个人的影响就变了。

I：他现在退伍了吗？

X10：今年退伍，就到18年9月份就退伍。

I：像他这种情况还能留吗？

X10：留不了了。因为[之前]他没法退伍，他一直在医院躺着。

I：他这种情况对你们连里的工作有影响吗？

X10：单位也处于一种很尴尬的境地。他这个……上面的人也不知道你们的具体情况，像一查，你在位是多少人，他就算你这个在位率或者及格率。他有影响一个连队的到课率或操课率。这一块就是非常尴尬。好，有时候连队人不够的话，他就要上。他要上的话，有时候确实很多事情他又上不了。这是一个矛盾问题。

I：其实他这种情况对连队的工作也有负面的影响。

X10：对。因为机关在查的时候，不会说你这个。只会看你有多少人啊，到了多少人啊，那其他人去干啥去了？还有一些情况，就是在敏感的时期啊，不能请假不能外出，他刚好有看病的需求，这就又有冲突了。这一块就是存在一个矛盾问题。虽然说照顾，但是部队毕竟有这么多规章制度和一些检查在那里，也没办法一个个都照顾。

受访者 X29 谈到自己作为排长帮助战士缓解心理压力的经历，这是战友支持的一个典型事件。

X29：就相当于一个小教员，可以去辅导排里面的小战士跳伞，帮助他们去克服心理上的紧张，技术上的指导。我记得我们排里有一个战士当时出了一点小情况，他在我前面跳，在下×××（型号）飞机的斜台的时候，他不小心滑到了，直接就滑出去了，但是当时并不知道，后来看到自己膝盖磕破了才知道自己在飞机上滑到了。后来我就问他当时的情况，他说不清楚。我又问他敢不敢跳，他有一点犹豫，我就慢慢给他讲解，做心理工作疏导他。尤其是在叠伞上、离机一些小的细节上指导他，给他鼓励，最后我们第三次训练就顺利完成了。

情感支持就是通过家庭和社会资源的支持、开导和帮助，让当事人充分宣泄烦恼，从心理上获得被理解感和被支持感，从而获得巨大的精神推动力。心理学研究表明，当个体由于强烈的心理危机而陷入困境时，来自朋友的支持以及在集体中的相互帮助，能够使他增加积极情感，更好地面对危机。当心理危机发生时，要及时请家人亲属、战友、同事、同学、朋友协助做好当事人的思想工作，给他们以帮助，最大限度地满足其归属与爱的需求，避免其不良行为的恶化。心理援助要和社会支持系统结合起来发挥作用，尤其是在遭受重大灾难时，心理危机干预和社会服务工作是紧密结合在一起的。

三、空降兵心理风险的三级控制

空降兵心理风险的三级控制要坚持亡羊补牢式的救治理念，其实质是采用的一种风险自留的策略。所谓风险自留，是指在风险导致不利后果之后自己承担和处理。当然，这种控制应该是主动的、积极的，是在对可能出现的心理风险做准确识别与精确评估基础上，制订各种风险的处置预案，然后采用合理的应对措施，并主动承担风险损失的全部或部分。心理风险的三级控制是在二级控制的基础上实施的，主要是针对红色警报区反应。在红色警报区间，心理风险的危害性很大且难以控制。

在空降兵心理风险三级控制的金字塔式结构中，首先要成立风险处置工作领导小组，位于最顶端，其主要功能是决策与指导；下设救助组、安保组、联络组、善后组等，主要包括心理专业机构、保卫部门、宣传部门、医疗部门、后勤部门等机关，处于中间层，负责实施与保障；底层为基层组织，例如班排长、心理骨干等，负责协助工作。心理风险三级控制的主要工作目标是心理危机拯救、人身安全保障和心理创伤修复。

（一）心理危机拯救

心理危机，是伴随危机事件的出现而产生的一种心理失衡状态，是个体运用自己寻常方式不能应对困扰时的强烈反应。当遭遇重大问题或变故感到难以把握和解决时，官兵心理平衡被打破，内心紧张情绪不断积累，达到一定程度后，就会引发心理危机。心理危机拯救就是心理危机干预，它是运用心理学原理，有计划、有步骤地对处在心理危机状态下的个人或群体，采取明确有效的措施，使之发生向预期目标的变化，最终战胜危机，重新适应生活。心理危机拯救的主要目标是降低急性、剧烈的心理危机和创伤的风险，稳定和减少危机或创伤情景的直接严重的后果，促进个体从危机和创伤性事件中恢复和康复。心理危机拯救的方法是最简易的心理治疗方法，如净化倾诉、危机处理（心理支持）、放松训练、心理教育、严重事件集体减压等。

李敏、汪涛和李彦章等人研究认为，“在跳伞出现险情后，更应该对官兵情绪进行处理、甚至进行危机干预,使官兵情绪处于最佳应激状态,避免跳伞损伤和事故的发生,保证跳伞训练任务安全顺利完成①。”受访者 X10 在看到战友因两伞相叉而受伤的经历之后做了一个反思,认为针对有心理危机的个体是缺乏心理辅导的。

X10:就跳伞这一块,做心理工作,我感觉还是欠缺的。基本上,对那种胆怯呀,不敢跳呀,或者是害怕的那种心理,采用的不是一种疏导的方式,有时候采用的就是一种刺激的方式。就是刺激,你看边上的人啊,能跳,都没事。你看,你也一样的,怕啥?你跳就行了。基本上也就是前面,每次都要跳示范伞,就是前面跳让大家看一下。因为在×××(地名),第一次我也是跳示范伞,基本上属于典型的那种激励,没什么事啊,大家不要害怕,都是安全的。基本上,我感觉,就是这种心理作用的,就这个示范吧。其他的,像心理的疏导,心理的调节呀,还是缺少的。因为场次安排得比较满,基本上 1 天 1 跳。一是协调飞机比较困难,第二个就是天气,就那段时间好点儿,所以基本上是上午。因为这么多人的话,基本上 1 人跳 1 次,就组织一个场次跳。早上出去跳,中午就回来了。下午就是叠伞。晚上就讲一下跳伞中存在的问题啊,大家要注意的事啊,然后重新安排明天的跳伞工作。基本上一天就是连轴转。就没有什么心理辅导或者疏导这一块。

心理危机干预的最佳时间是遭受创伤性事件后的 24～72 小时,24 小时内一般不进行危机干预,若是 72 小时候才进行危机干预,效果会有所下降②。对于发出心理危机求救信号的官兵,所在心理咨询中心、心理危机干预机构、保卫部门、医疗部门等应在第一时间赶赴现场,进行紧急心理援助,稳定当事人情绪。在此之前应该有专门的预案,其中应当涉及心理危机干预的目标原则、具体方法、开展时间、实施步骤、效果评估等基本内容,针对

① 李敏,汪涛,李彦章,等.跳伞应激对伞兵心理情绪的影响[J].中国临床康复,2005,9(40):36-37.

② 顾瑜琦,孙宏伟.心理危机干预[M].北京:人民卫生出版社,2013:59.

每一个问题,详细说明每一类行动中心理危机干预的处置方案和干预策略,一旦出现心理危机事件,预案中的相关资料和方法措施就可以为我们开展心理危机干预提供依据,从而提高心理危机干预效能。

分层干预能最大限度地利用有限的人力资源,有针对性地提供心理干预,保证干预的效果。第一层是普及性的危机干预,提供给所有可能有心理创伤危险的官兵,这一阶段的干预对象可以是某一个群体,主要作用在于预防危机的影响进一步恶化,给官兵带来安全感;第二层是选择性的危机干预,提供给那些可能受到中等程度创伤的官兵,这一阶段的指导性更强,例如心理教育式的团体辅导、急救性质的个体和团体咨询等;第三层是指定性的危机干预,主要提供给那些受到最严重心理创伤的个体,这一阶段的心理治疗,可能需要社会机构提供支持和辅助。

对于因神经症、精神疾病、躯体疾病等所致的心理危机或心理危机干预机构人员有必要回避的个体,应及时转介至其他心理咨询机构及精神治疗机构。“转介是指将当事人从当前教育者或心理咨询师处转给另一个适合其问题处理的心理咨询师或治疗师或精神科医生处接受进一步的咨询、诊断和治疗,协助当事人赢得最佳咨询和治疗时间的一种有效危机干预的处理办法①。”受访者 X7 就说到了这种情况:“有抑郁的呀。大家感觉他抑郁了,但是也没有办法。他自己说他抑郁了。我们感觉他就是内向一点儿,老是拿抑郁来说事儿。我们就带他去医院看。”如果有必要,可以转介给地方心理/精神专科医疗机构。

(二)人身安全保障

人身安全的首要标准是“一旦怀疑当事人不安全,立即予以帮助”。对于出现严重心理危机并对自身及他人生命、财产安全构成威胁者,应协调保卫部门进行 24 小时特别监护,并立即通知当事人的家人到场陪伴和监护。吉利兰(B. E. Gilliland)和詹姆斯(R. K. James)指出:“当然,安全性的考虑也包括工作人员自身,以及在咨询过程中有关伦理、法律和职业等方面的

---

① 马喜亭.转介在大学生心理危机干预中的应用[J].北京航空航天大学学报(社会科学版),2010,23(2):109-112.

措施是否得当[1]。”

受访者 X4 谈到一名军医在着陆场对跳伞落入池塘的一名战士进行抢救的事例，这就是保障人员安全的有效措施。

X4：跳伞的事儿，我们营里有×××（名称）连的，那个人没死。这个兵，我见了，这是我亲眼所见。就是说，我们收伞站就在我坐的地方，那个水塘就在前面那块儿。收伞站就是跳完伞就在这儿集合，那个水塘就在旁边，所以我见到这个小伙了。这小伙一跳，当天这个地方也是有保障的，但是跳伞突然就起了一股风，这个水塘一下子落了 3 个人，这帮人去救其他人去了，就 1 个皮划艇，等救完一个再来救他的时候，这哥们伞绳已经绕绕绕，他已经变成黑紫黑紫的样子。那个军医当场实施人工呼吸，给了一口气。当时如果没有这一口气，可能也就没了。因为当时我正在走访部队嘛，啊呀，我看了，确实……这个事我是比较关心的，所以这个事儿我还是记忆比较清的。

对于部队可调控的引发个体心理危机的人、事、情境等刺激物，应协调有关部门及时阻断，消除对危机个体的持续不良刺激。对于危机个体遭遇刺激后引起紧张性反应的攻击对象，应采取保护或回避措施。对已酿成自杀、伤人等过激行为的，医疗部门负责对当事人进行生命救护，或配合相关人员护送其转介治疗，保卫部门进行事故调查取证，并负责现场保护。心理工作者所采取的方式、做出的选择和应用的策略必须能够达成一切为了保证相关人员心理和生理安全的目标。

（三）心理创伤修复

心理创伤修复主要指是创伤性事件处理完毕之后，心理工作还需要继续进行，属于善后处理的部分。由于涟漪效应的存在，对于亲历危机的其他相关人员，应当提供后续的支持性的心理辅导，既可以是团体辅导，也可以是个别咨询。只有这样，才能更大程度地防止心理危机复发，降低心理危机

---

① GILLILAND B E，JAMES R K. 危机干预策略[M]. 肖水源，译. 北京：中国轻工业出版社，2000：71.

发生后产生的负面影响。对于因严重突发性危机事件而受到影响的官兵，要及时采用哀伤心理辅导等形式进行危机后干预，对可能产生的心理创伤进行修复。

受访者 X6 谈到一次战友牺牲的经历，受访者本人参与了善后工作，所在单位进行誓师大会来提升官兵的士气。

> X6：后来就那次跳伞经历对我来说就非常重要。那次正好出现了一次战友牺牲。我当时是在连队的4班，6班的那个战友当时是牺牲了。[沉默]……伞没开。主伞没开，而且备份伞没有及时拉开。而且是第一次大飞机[跳伞]，大飞机稍微有点危险性。前面5次小飞机，有夜间伞，第6次是大飞机。他当时是牺牲了，那次。我刚坐好，他就落地了，看着那个黑点儿下来了。视觉当时真的是……因为当时戴的那个头盔，头盔是铝盔，头盔都摔碎了，拿到我们车上来当时是……人都不用说了，自由落体1 000米，那都……当时，这个事情对我影响比较深，因为善后工作我参与了。当时是这么回事，……我以前是学文科的，所以说有点文字功底，这种活动我参与比较多。然后，我们那年按说是要组织跳伞誓师大会的，当时我们当时没有组织，后来因为这个事情之后，机关要求我们再补一次誓师大会，因为提升士气嘛！要求是×××、×××(领导)都带跳，给大家鼓鼓劲儿。新同志要有代表发言，这个任务交给了我们连，因为是我们的事情，连长把这个任务交给了我，我就作为新兵代表去发言。

受访者 X29 讲到跳伞亡人事故对当时在场的亲历者有很大的心理冲击，需要心理工作者去消除负面的心理影响，这不但在当时有作用，后续还需要更多工作来安抚受到心理冲击官兵的情绪。

> X29：我觉得是遇到那种恶劣的天气，接到任务你又必须要执行，这个时候大家对跳伞中一些信心上的动摇的时候，需要我们心理工作跟上。[再一个]也是我们比较常见的，也是比较急需的，也是不可避免的，就是在我们跳伞过程当中，比如说跳四五个场次跳到第2个场次的时候发生了一些安全事故，比如说受了一些大伤

的，比如说我们之前发生了亡人事故的时候，那么如果上级决心很坚定还要继续跳，这个时候对大家的心理冲击是最大的。每个人心里都在犯嘀咕，对自己的跳伞安全能不能保证，打上一个很大的问号。这个时候很需要我们做一个心理安抚工作，抚平大家的焦虑情绪，对大家的跳伞增加一些信心，提供一些帮助。

"就创伤事件的应对而言，任何干预都应是预防、治疗及培养心理弹性相结合的[①]。"对于因心理危机接受治疗的个体在归队后，部队要对其生活进行妥善安排，引导周围战友为当事人营造平等、宽松、关爱、和谐的心理氛围。心理工作者进行支持性干预和团体辅导策略，协助经历危机的当事人和相关人员，正确看待和处理危机遗留的心理问题，尽快帮助他们恢复心理平衡。必要时应该进行追踪和随访，尽量减少由于心理危机所造成的负面影响。

综合以上分析，笔者认为，从过程论角度而言，空降兵心理风险管理是一个包含确立和识别影响因子、发出预警信号、做出分级控制以及进行信息反馈的步步推进、环环相扣的体系。因此，可以建构一个包含因子系统、预警系统和控制系统以及反馈系统的环形闭合的空降兵心理风险管理模型（见图4-1）。这一模型的建构对空降兵部队以及其他部队开展心理风险管理具有借鉴和指导意义。

① KENNEDY C H，ZILLMER E A. 军事心理学：临床和作战中的应用[M]. 贺岭峰，高旭辰，田彬，译. 上海：华东师范大学出版社，2007：296.

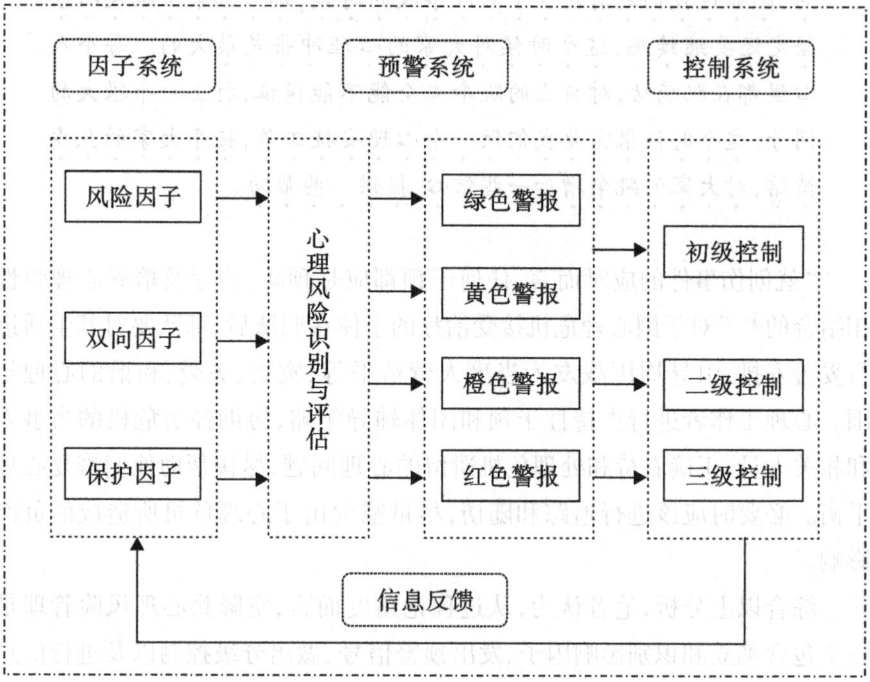

图 4-1　空降兵心理风险管理模型

第五章

加强空降兵心理风险管理的对策

空降兵部队的使命任务越来越多样，包括野外驻训、实战演练、国际比武、多国演习等，往往具有时间紧、任务重、强度大等特点，与之相伴随的是空降兵部队官兵心理压力越来越大，发生伤病、事故的可能性大大增加。任何一个细微的疏忽都可能埋下重大安全隐患，因此，必须要做好心理风险管理的系统性工作。在全面风险管理的视域下，对加强空降兵心理风险管理提出对策建议，不能为了标新立异或凸显其重要性而闭门造车和另搞一套，而是应该结合现实情况，立足于心理学研究和心理工作本身，做力所能及和彰显价值的事情，梳理官兵访谈中零散的经验做法使之系统化，为空降兵部队官兵提升心理健康水平和强化心理素质服务，为空降兵部队增强战斗力服务，为实现新时代强军目标服务。

风险管理的实用模型往往包括下列步骤：①工作上和生活上的风险识别；②对于心理因素相关风险的评估；③可行性干预方案的设计；④干预措施的实施；⑤干预有效性的检测和评价；⑥风险反馈和再评估；⑦人员信息和培训需求的审查。毫无疑问，这为加强空降兵心理风险管理提供了有价值的参考。基于前文（尤其是第二章到第四章）的研究，笔者认为，加强空降兵心理风险管理，主要有 4 条路径：其一，依据预警理论，装上空降兵心理风险管理“信号灯”；其二，依据发生机理，拉起空降兵心理风险管理“警戒线”；其三，依据影响因子，挂牢空降兵心理风险管理“安全绳”；其四，依据控制策略，建好空降兵心理风险管理“着陆场”。

一、装上空降兵心理风险管理“信号灯”

依据心理风险的预警理论，从预警信号的角度来说，需要装上心理风险管理的“信号灯”。信号灯是空降时所用到的可视装置，白天和夜晚都起到地面标示的作用,夜间的作用更为明显,常用于跳伞官兵判断空降方位和地域情况。在心理风险领域借用“信号灯”概念,是想更直观地说明心理风险预警的目标。建立一个高度自动化、智能化的心理风险预警系统,需要运用到大数据技术。利用大数据技术可以作出快捷而高效的预测,“建立在相关关系分析法基础上的预测是大数据的核心”①。很显然,信息化时代的大数据运用在心理风险预警方面具有重大的实践操作价值。大数据预警分析有助于澄清诸如“心理风险管理面向谁”“心理风险管理有何价值”“心理风险管理的来源是什么”“心理风险管理采用什么方法”等问题。从访谈和座谈的情况来看,关于心理预警的工作很少被提及,这恰恰说明基层部队在这方面是有所欠缺的。而从空降兵心理风险管理的角度来看,预警工作是最基础的内容。所以,不管从空降兵部队现实情况还是从心理风险管理的工作需求角度来看,为空降兵心理风险管理装上“信号灯”都是十分必要的。

(一)收集静态信息,创建数据库

大数据时代,纷繁的数据越多越好,因其多样性而有额外的价值,所以它比小数据有更多优势。这就需要大量收集数据,建立数据库。数据库是以一定方式储存在一起、能够为多个用户共享、具有尽可能小的冗余度,与应用程序彼此独立的数据集合。据此可以认为,心理风险数据库就是具有共享功能又相互独立的关于心理风险信息的数据集合。《关于加强新形势下军队心理服务工作的意见》(2009)明确指出:“建立完善符合我军实际、覆盖各类人员的统一规范的心理测查量表体系,进一步加强应征、应聘人员的心理测评和筛选,逐步在全军各类人员中定期开展心理测评和选拔,建立官兵心理档案。”《军队政治工作手册》认为,“军人心理档案是我军在心理服务工作中对军人个体心理发展状况、心理自我表达、心理测量结果、心理咨询记录等材料建立的专门案卷②。”心理档案其实就是心理风险数据库的简易形式。李强提出军人心理档案具有4项功能:“①在短时间内深入全面了解个体的心理特点;②为提高管理效率和人性化管理提供信息;③为岗位分配

---

① 迈尔-舍恩伯格,库克耶.大数据时代[M].盛杨燕,周涛,译.杭州:浙江人民出版社,2013:75.

② 军队政治工作手册(专业知识部分)[M].北京:蓝天出版社,2015:462.

和任务分工提供依据;④了解个体心理卫生状况,保障心理健康。”[①]这对于空降兵心理风险数据库来说同样是适用的。

受访者 X23 提到对伤病号的档案管理思想:“我觉得就是慢慢细化,把平时的这个伤病完全细化,什么病多长时间。可能这个有点太死板,但也没什么办法,什么病达到什么预期,预期多长时间治好。对整个病号情况进行档案管理。”在访谈中对于心理档案或数据库很少被提及,受访者 X40 是一名军医,她说:“没有[考过心理咨询师]。当时就缺人去做,还有就是要负责新兵的心理测评嘛,所以就去负责一下。”因此,建立空降兵心理风险数据库是当前部队亟须解决的事情。

心理风险数据库是为心理风险预警和控制服务的,应该具有时效性、全面性、完整性、共享性和保密性等特点。特别需要强调的是,保密性是针对心理数据而言的,因为涉及个人的隐私,必须控制知情范围。这些特点是基于理想化的,而从发挥实际效用的角度来讲,心理风险数据库需要收录和保存空降兵部队所有人员具有相对稳定性和长久预测效能的信息资料。笔者认为,建立空降兵心理风险数据库,应该在各单位原有心理档案的基础上,完善 4 个方面的内容:个人成长史、心理健康状况、人格特征和心理风险案例。

1. 个人成长史

个人成长史是自己对自我的成长过程进行回顾和分析,需要个人独立完成,主要有三部分内容:①个人基本资料,包括姓名、年龄、性别、文化程度、出生地、家庭经济收入状况、家庭成员和家庭结构等;②个人成长经历,个人在成长过程中印象深刻的几件事,最好是能够详细描述事件发生的时间、地点、人物、前因后果、个人的感受、对自己的影响和意义等;③自我评价,包括性格特点、兴趣爱好、个人特长、座右铭、人生感悟、个人理想等,形成一个类似自画像的东西。这部分内容最好是制定专用模板供官兵使用,以开放式问题的方式来进行,以书面或电子文档的形式完成。

2. 心理健康状况

官兵的心理健康状况主要使用专业量表来进行测量,目前使用较多的是症状自评量表(SCL-90),此量表题目适量,测试比较方便快捷,但是具有

---

① 李强. 建立心理档案的几点思考[G]// 王金丽,唐国东. 军事心理学研究与实践. 上海:上海交通大学出版社,2016:62-65.

比较高的表面效度，容易出现隐瞒或虚假的情况，而且量表的常模像一把测量的尺子，常模不合适测量结果就很难准确解释，所以应该尽快建立空降兵部队官兵的心理常模，以使心理健康评价更为准确。当然如果条件允许，也可以使用明尼苏达多相人格测验（MMPI）、焦虑自评量表（SAS）等测量工具，以便能够得到更可靠的测量结果。前文提到的军事群体心理应激预警检测工具也比较适用于空降兵的不良应激反应的高危个体筛查。心理健康测量一般来说收集到的是官兵近期心理状态信息，所以常常在新兵入营、参加重大活动前后以及任务转换的特殊时期来使用，对筛选人员具有重要的参考价值。

3. 人格特征

测量人格特征的常用量表有艾森克人格量表（EPQ）、卡特尔 16 项人格因素量表（16PF）、中国人人格量表（QZPS）、罗夏墨迹测验（Rorschach inkblot test）等。EPQ 题目少，完成速度快；而 16PF 具有更低的表面效度，测量更为真实可信，而且能够反映多个人格维度，更容易对一个人的人格特征做出全面的评价，所以常被推荐使用。当然 MMPI 也可以作为了解人格特征的一种测量工具，虽说它更能够反映一个人的病理性特征。一般来说，人格特征相对比较稳定，在一两年内的参考价值比较大，而且人格测验对于遴选特定人才具有一定作用。

4. 心理风险案例

案例是人们在工作生活中所经历的典型的事件陈述。一般来说，案例是对经历故事的有意裁剪，可以提供实实在在的经验和教训，为预测行为和预防事故损失提供有价值的信息。心理风险案例主要包括心理咨询案例以及部队的事故案例，它们具有故事性、戏剧性和典型性的特点，因此，这些资料对于更好地从事心理工作具有较强的借鉴意义。

（二）针对动态信息，实施多发点监控

事情如果有变坏的可能，不管这种可能性有多小，它总会发生，这被称为墨菲定律。墨菲定律告诉我们，容易犯错误是人类与生俱来的弱点，如果不事前预知预测采取措施，不及时堵住漏洞，事故是迟早会发生的。2003 年“哥伦比亚”号航天飞机失事就是“墨菲定律”的最好印证。由此可见，一个复杂的系统，任何一个细小的环节出现问题，那么这个系统迟早要出事。要想把事故案件消灭在萌芽状态，就需要实施事故多发点的全面监控，及时发

现事故苗头和隐患，并想尽一切办法、采取一切措施加以消除。空降兵所从事的军事活动危险性很高，因此，在空降兵实施心理风险多发点的监控是现实的需要。

一般而言，心理风险数据库是针对静态数据而言的，而心理风险多发点监控则主要针对的是动态信息。因此，心理风险多发点监控的多是即时的、变化的、突发的情况，监控的主要内容有情绪状态、思想波动、不安全行为、反常行为、违纪事件、虚惊事件等。牛京育、周新和黄子明等人研究认为，“伞训应激对新兵心理健康有明显损伤，随着跳伞次数的增加，心理应激状态逐渐缓解适应，5 次跳伞后进入较平稳的一般应激水平。新兵前 5 次跳伞应作为心理障碍、伞训事故及训练伤发生的重点防范期[①]”。这其实就是空降兵心理风险管理需要重点监控的内容。

不管是从工作内容还是从工作落实的角度来说，心理风险多发点监控与心理风险识别是一个连贯的整体，难以割裂开来。对空降兵而言，心理风险多发点监控就是要积极查找、监控在本研究第三章提到的工作动机、情绪状态、个性特征、心理压力、人际关系、创伤性经历、团队氛围、领导力和风气等心理风险因子。而要查找和监控空降兵的心理风险，需要靠人和制度来完成和落实。空降兵基层部队的心理风险多发点监控主要是通过“四支队伍”“两种制度”来实现的。

1. 四支队伍

《关于加强新形势下军队心理服务工作的意见》(2009) 明确提出：力争经过 5 年努力，全军有一批实践经验丰富、理论造诣较深、在军内外有一定影响的心理专家，医院、疗养院和机关、院校门诊部有一定数量的专职心理医生，旅团级部队至少有 1 名专职心理医生，连级分队有 3 名以上心理骨干。由此可以看出，心理服务人才队伍建设是军队的现实需求。这里讲“四支队伍”就是以此为基础的。“四支队伍”是指心理咨询师或心理医生、政治指导员、班排长、心理骨干（工作流程见图 6-1）。其中，基层心理骨干是战斗在心理服务一线的“哨兵”，是常驻在本单位的“心理专家”，在心理服务工作中

---

① 牛京育，周新，黄子明，等. 空降兵新兵伞训心理应激水平与适应的研究[J]. 中国民康医学，2006，18(9)：729-732.

起着举足轻重的作用①。

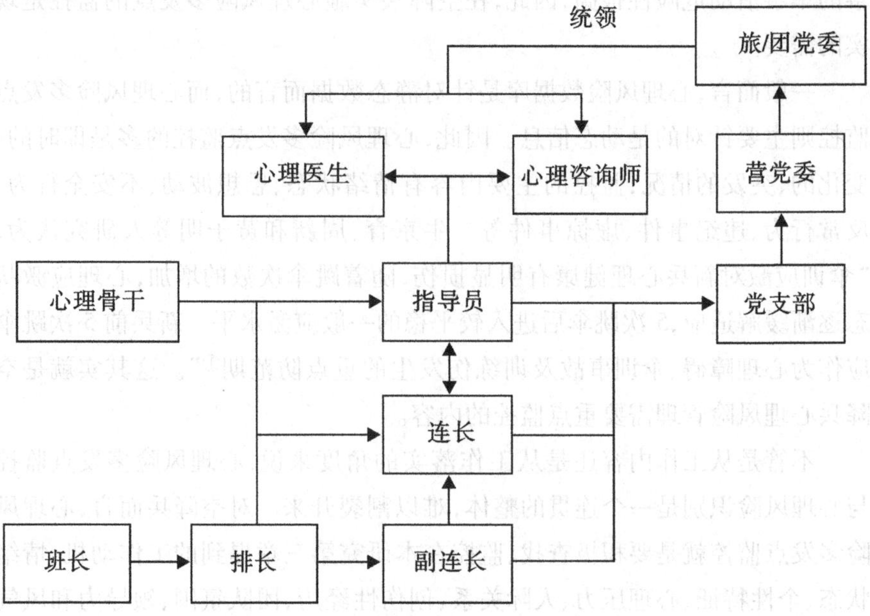

图 6-1 心理风险多发点监控工作流程

受访者 X8 讲到指导员利用合适的时机来了解和掌握战士心理状态的问题。

> X8：连这一层的教育，更多的是经常性的教育。比如，吃完饭遇到你了跟你聊聊天。所以教育的手段必须创新。完全是搞大课教育，先教育新兵，好，换一批，老兵上，说是这么说，要分开上，分开上怎么上呢？政治工作现在不是没有方法、没有手段，就看你实际怎么样完全给它落实下去的问题。这确实是考验指导员的。

受访者 X9 则谈到排长骨干应该把握战士的心理困惑，以及要多关心所属人员的心理状态。

---

① 林琳. 部队基层心理骨干培训实用教程[M]. 北京：国防大学出版社，2014：1.

I:像不怎么愿意跳或者说有畏难情绪的,一般怎么处理呢?

X9:主要是进行一些思想工作吧。讲清现在部队发展的形势,你要想在部队干的话,你肯定是需要跳伞的。连队年轻人还是比较多的,大家都不想被别人看扁。用一些方法刺激他们,让他们逐渐地克服。在训练中他们稍微有点进步就给予及时的肯定或表扬,这样的话树立他们的信心。主要是多关心吧。像我们排长,都是有分别负责的人的。每个人都有关注的一个范围。

心理风险信息排查监控是在党支部领导下,以政治指导员为主要负责人,班排长和心理骨干为触手,通过学习心理健康知识和掌握心理服务技能,负责收集身边战友的心理信息,及时掌握所辖人员的心理动态,由心理咨询师或心理医生来汇总和评价,从而准确甄别心理风险的程度,为心理风险预警和响应作准备。受访者 X9 还谈到了对有畏难情绪和心理恐惧等心理困惑的人员进行重点关注和心理疏导的情况:“像跳伞,要求是整体对人员的思想过一遍。主动地跟他们聊天,了解情况。像伞训长每天需要把训练情况向连队主官汇报。伞训长主要负责训练,他会在训练过程中发现人员比如说有畏难的思想啊,不愿意跳的人,或者说比较恐惧的人,他会特别地跟连主官去沟通,对他们进行重点关注。对他们进行一个心理的疏导吧。”从访谈的情况看,在空降兵基层部队,干部和骨干对所属人员的心理状态已经有所关注,且有一些好的做法,但是,整体来说还没有形成系统化的运行和规范化的实施。

在空降兵基层部队实施多发点监控,必须要依靠心理风险识别所涉及的人员来完成和落实,即包括心理咨询师或心理医生、政治指导员、班排长和心理骨干在内的“四支队伍”,他们应该有具体的工作定位和职责。

(1)心理咨询师或心理医生。心理咨询师或心理医生是军队心理工作的专家,应该具备比较扎实的心理学专业理论知识和实践能力,负责对所在单位的心理健康测评、心理教育训练、心理疏导咨询、心理危机干预等工作,遇有紧急情况应该及时到达现场进行专业辅导和处置。对于心理异常的情况,可以提出转介意见供领导参考。

(2)政治指导员。政治指导员对基层心理工作负全责,应该具备一定的心理服务工作能力,对所属人员的心理状态全盘掌握,并能够协调心理咨询师或心理医生共同制订心理问题的解决方案。

(3)班排长。班排长是最基层的领导,对所属人员的思想动态和心理状况最为熟悉,当其发现人员有心理反常情况出现时,在提供心理支持的同时应该及时向政治指导员汇报。班排长应该成为连队做好心理工作的协助者。

(4)心理骨干。心理骨干处在军队心理服务的"第一线",是最能了解战士心理状态的专业辅助力量。心理骨干具有心理学专业知识培训背景,是能够第一时间发现心理风险问题并进行专业处置的人才,能够对战友进行心理支持和朋辈心理咨询。因此,在心理风险管理中,心理骨干具有天然的优势,他们掌握第一手心理风险动态信息,并且应该在遵守心理工作保密原则的基础上,向政治指导员进行相关情况的汇报,在遇到一些专业问题时,可向心理咨询师或心理医生寻求帮助。心理骨干应该成为基层连队做好心理工作的触手。

2. 两种制度

制度主要是指要求成员共同遵守的办事规章或行动准则。制度能够对人员的行为进行规范和约束,有利于工作按照计划要求达成预期目标。这里的"两种制度"是指心理普查制度和汇报制度。从访谈的情况看,受访者认为心理服务在基层部队是现实急需和相对欠缺的,需要进一步完善相关制度,规范心理工作的运行,受访者 X7 就有这种感受。

> I:他(心理咨询师)有没有到各个连队去走访走访?
>
> X7:也没有。[不过]有这个制度。心理咨询室,我也没有去过。具体我也不知道他干什么,但是这个机制肯定是有。之前也统计过,谁谁谁有心理咨询师的证。

心理普查制度,可以通过心理咨询师或心理医生在新兵入伍后、老兵退伍前、重大任务行动前,对相关人员开展心理普查测试,建立心理档案。这主要有两个目的:一是可以为选人用人提供参考信息,让人员能够分配到更适合的岗位上去;二是可根据普查结果筛选出高风险个体,建立心理风险预警库,并与政治指导员和心理骨干等一起对这些人员做好追踪和特别关注,防止出现更大的问题。

《军队安全管理条例》(2019)规定:事故报告统计,应当严肃认真、实事求是,遵循及时、准确、翔实的原则,不得弄虚作假、隐情不报或者误报、漏报、延报。心理风险管理也必须有相应的汇报制度。汇报制度是在心理风险信息排查的基础上建立起来的，具体是指心理骨干要注意观察所辖人员的心理和行为动态，每月向政治指导员汇报人员的心理健康状况，班排长等骨干根据实际情况定期或不定期汇报人员的心理动态，政治指导员应该每月向党支部和基层党委分析汇报人员的心理健康状况。对出现重大冲突事件或在预警指标上表现异常的人员，要在上级党委的领导下，纳入进一步观察和监控的范围。在保密的前提下，由政治指导员、心理骨干对这些人员进行重点监护，一旦发现有异常反应，要及时上报，明确等级，协同处置。

（三）利用数据挖掘，设立预警规则

设立心理风险预警规则需要依靠大数据技术。在大数据时代，数据挖掘非常重要。目前，数据挖掘一般是指从大量的数据中通过算法搜索隐藏于其中信息的过程。数据挖掘有三大支柱：统计学、机器学习和数据库。其中，“机器学习是一门人工智能科学，它通过获取新知识和新技能，在经验学习中挖掘输入输出之间的关联，形成具体的逻辑关系表达式。”①机器学习最大的优点是它具有泛化能力，也就是可以举一反三、触类旁通。佛罗里达州立大学研究者里贝罗（Jessica Ribeiro）现在正与佛罗里达州的军事自杀研究协会一起进行研究，利用机器学习鉴别自杀风险。机器学习能预测最多两年之内某人的自杀倾向，准确率高达80%～90%。可以说，这就起到很好的风险预警的作用。

维克托·迈尔-舍恩伯格（Viktor Mayer-Schönberger）和肯尼思·库克耶（Kenneth Cukier）指出：“大数据的核心就是预测。它通常被视为人工智能的一部分，或者更准确地说，被视为一种机器学习……这些预测之所以能够成功，关键在于它们是建立在海量数据的基础之上的②。”刘冰和董小玉认为，“将大数据技术应用于心理危机预警可以发挥其优势，弥补传统经验方式的不足，应用大数据技术可以拓展心理危机预警的指标体系，可以获得更

---

① 郭亚宁，冯莎莎．机器学习理论研究［J］．中国科技信息，2010（14）：208-210.

② 迈尔-舍恩伯格，库克耶．大数据时代［M］．盛杨燕，周涛，译．杭州：浙江人民出版社，2013：16.

准确更真实的数据,可以动态监控人员的心理状态①”。对空降兵来说,也可以利用大数据技术来对心理风险进行预警。

在心理风险预警中,数据挖掘可利用的数据主要包括三类:①心理风险案例,例如空降兵跳伞伤亡事故心理分析;②人的内在特质信息,例如影响人际关系的性格特点;③人的外显行为信息,例如前文提到的自杀的行为信号。这些数据的来源就是前面提到的心理风险数据库和心理风险多发点监控信息。

利用大数据技术可以对部队收集的心理风险信息进行分析,来制定可操作性的心理风险预警规则。这些规则到底是什么样的,暂时还无法获知,只是对未来的一种设想,需要用机器学习等大数据技术来实现。而规则的制定无非两个目的:选优和汰劣,就像优胜劣汰的自然法则所起的作用一样。受访者 X20 讲到在跳示范伞的时候其实就用到了选优的程序,他说:“只能说那时候决心书只是个人的想法,真正跳示范伞连队还是要严格把关的,根据你个人动作、平时表现,还有心理素质来综合评判你能不能跳。”选优的程序对于一些特殊的工作特别适合,即所谓职业适宜性,它是指人具备胜任某项职业(职务)所必需的知识、技能和生理、心理特征。而汰劣的程序在新兵入伍选拔的时候已经用到了,通过《中国征兵心理检测系统》对兵员进行了心理筛选,让心理健康的人参军入伍。而在一些执行重大任务时也会利用心理测试来进行汰劣性质的筛选。

计算机可以在大数据技术的帮助下,利用心理风险预警规则对数据库进行分析,从而为心理风险预警装上“信号灯”,空降兵部队可以结合采集的动态信息进行判断,并作出适当反应。这些数据的综合运用起码可以帮助完成4项任务:其一,针对特殊岗位的人才需求,选拔更适合的人进入特殊岗位工作;其二,针对不同人员的人格特点,进行人员定岗和调配,让各类人才各尽其能、各得其所;其三,针对重大军事任务的性质和特点,对人员进行测评和筛选,让更适合的人员参加,对一些人员进行淘汰以免产生负面的影响;其四,在日常生活中查找出心理高风险个体,进行重点关注和相应的心理工作,避免出现风险事故。

---

① 刘冰,董小玉.基于大数据技术的学生心理危机预警机制构建研究[J].大众科技,2017,19(4):122-124.

二、拉起空降兵心理风险管理"警戒线"

依据心理风险的发生机理,心理风险出现损失结果总是一环扣一环的,切断其中的任何一环都不可以阻止后续不良后果的发生。因此,从心理风险规避的角度分析,可以从环境(与主体相对应的背景)的角度入手采取有效措施,为空降兵心理风险拉起"警戒线",来阻断事故的发生。在跳伞时,着陆场都要提前检查,在水塘、电线、房屋等危险区域安排保障人员,拉起警戒线,一方面提醒跳伞员远离这些危险区域,另一方面在遇到紧急情况时能够及时处置。对心理风险管理来说,拉起警戒线、画好警戒区域是非常有必要的。海因里希法则警示我们:安全事故都不是一触即发的,都有一个量的积累过程,是一个从量变到质变的过程。受访者 X3 也谈到了心理风险可控的思想:"跳伞,虽然有风险,但我觉得都是可控的。即使是气象资料变了,风大了,这个也没有事。即使是投偏了,把你投到外面了,那也是可控的。你找个合适的地方就行了。"任何事故都是有征兆可查的,任何征兆都是有苗头显现的,任何苗头都是有隐患萌生的,任何隐患都是有端倪可察的。如果每个事故征兆、苗头、隐患都能得到重视,并预先采取措施加以控制消除,也就是把工作端口前移,那么,事故征兆、事故苗头、事故本身就会被减少到最低限度。这个过程其实也就是风险管理的过程,对于空降兵心理风险管理而言亦是如此。

(一)正规日常管理,做好风险回避

《韩非子·说林上》有言:"圣人见微以知萌,见端以知末,故见象箸而怖,知天下不足也。"部队的日常管理,也需要"见微知著",管理者要善于以小见大,增强对日常管理中倾向性问题的预见性,把问题消灭在萌芽状态以规避风险。要正规日常管理,就要依据条令条例规定,扎实开展"查漏洞、纠顽疾、严执纪"活动,深入查找部队日常管理工作中存在的问题隐患和薄弱环节。

受访者 X2 说:"身边的事儿可多呀,大部分的问题都是管理上的。[……]管理上是比较混乱的。"他谈到因为日常管理上的混乱导致官兵心理上的不稳定和不平衡的情况,这是不利于部队的心理风险管理的。受访者 X13 谈到在部队改革期间日常管理正规化的可喜变化:"我感觉,比我刚进来的时候更正规、训练更有序,而且更人性化。"受访者 X1 谈到日常管

理是个系统工程，需要各级负责，一环扣一环，才能把官兵管控好，这也是回避风险的重要方面。

X1：实际上一个单位的管理，主官重要不重要？非常重要。嗯，但是下面一级一级的，也非常重要。如果你不发挥下面的班长骨干，什么安全骨干呀，排长呀，你查岗查了没有呀？他人走了你都不知道。小值日他看到没有啊？他怎么出去了？它这个体系没运用好。那追责任的时候还是连长指导员的责任。所以，这个，日常管理非常重要。对呀，一环扣一环。所以，我在这里×××（名称）队当队长的时候，我在这儿5年，我连续5年拿了先进。我们的日常管理，那绝对是扣得紧得很。你哪个学员到哪里去了，我给你说，你屁股撅一撅，我都知道你想干啥。哈哈……

管理学上有一个“破窗效应”，通俗地说，就是一栋房子上有很多窗户，如果其中的一扇窗户玻璃破了，又没有及时得到修补，那么就会有越来越多的窗户玻璃逐渐被破坏。放大到社会环境中，如果不良现象被放任存在，会诱使人们仿效，甚至变本加厉。所以，在日常管理工作中，管理者要把握好尺度标准，对于已经确立的规章制度，宜“高标准，严要求”，莫“失之于松，失之于软”，只有尽早拉起“警戒线”，方可避免触碰纪律“底线”。有时候需要“杀鸡用牛刀”，避免出现“破窗效应”，起到防微杜渐、震慑歪风邪气的作用，这也能够起到回避风险的作用。风险回避就是在综合考虑事件所带来的风险超过了部队的风险承受能力，那么就要及早退出会产生风险的活动。在一定程度上说，正规化部队的日常管理，能够避免人员产生松散心理，让工作运行平稳有序，从而起到规避安全风险、心理风险的作用。

（二）加强人文关怀，进行心理疏导

加强人文关怀和心理疏导，充分运用政治上关心、精神上鼓励、工作上重视、心理上呵护、身体上爱护、生活上体恤等多方面手段，能够帮助官兵抵御和应对各种心理风险，确保官兵身心健康。

加强人文关怀，施以“人本”管理，就是要真正尊重和信任基层官兵，并给予他们情感上的关怀与照顾，营造同心进取的工作氛围，使广大官兵都能为单位建设贡献力量。这样内部才能有生机和活力，单位全面建设才能蒸

蒸日上。关心官兵应该以心换心，尊重他们的劳动，维护他们的权益，切实改善他们的生活环境，培育和提高他们的主人翁精神，积极动员他们提供合理化建议，营造健康向上和充满活力的内部环境。受访者 X23 说："我感觉像这个社会逐步富裕之后，人的情感会非常非常细腻，关怀也会非常非常细腻。他就会从心理上关怀你，而不是从物质条件。"毫无疑问，官兵在心情舒畅的环境里工作生活，本身对他们维护心理健康和增强心理安全感是有益的。

受访者 X10 谈到自己在登机时，因为一位领导的一个简单动作而感受到心理上的温暖，这就是领导者对部属关心的一种很好的体现。

> X10：有一次，因为登机的时候，发动机是不停的，除了第一架次的飞机是停在那儿，其他都是飞机滑下来，然后人从后边上去。上去的话，飞机后面的尾风是非常大的，基本上人是站不住的，基本上歪歪扭扭登过去上机。就是有一次，吹得快倒的时候，教员及时地扶了一把，比了个手势（竖大拇指），说没问题的。教员这样做的，面带微笑的。我感觉那一次，我是非常非常感激的。因为那时候感觉，一看这么多同志保障啊，这么尽心地为你扶着，确实是……心里很温暖。因为上飞机的时候，有个梯子，教员啊，不管是多大的领导啊，都是给你扶着这个梯子，扶着你上去，感觉做的是非常温暖的，他们非常关心你。一个一个扶上去了，到位之后，……那时候体验了一种很温暖的感觉。

受访者 X13 谈到在日常管理上满足官兵的合理诉求，比如手机使用、探亲休假等，这对官兵来说就是一种很大的关怀。

> X13：管理，确实……我新兵刚来的时候不让用手机，完全禁止的。现在可以用手机，是在正常的规定内可以正常地使用手机。这个我感觉，对我们官兵是一种特别大的一种福利吧。我刚来的时候吧，情绪也不稳定。特别想家，打个电话要跑到小店。小店里边也就几台电话机，要排老长的队。别人都想打电话，你要排老长的队，你才能打一个电话。现在手机可以正常发放，等于说，有什么事儿可以跟家里及时联系。这是我感觉的一种最大的变化了。

《关于加强新形势下军队心理服务工作的意见》(2009)明确指出:“把保持官兵身心健康作为贯彻以人为本重要建军治军理念的具体体现,尊重官兵主体地位,坚持思想教育与心理疏导相结合,严格要求与关心爱护相统一,促进官兵心理健康和全面发展。”《军队思想政治教育大纲》(2009)对政治教员要求的“四会”[①]之一就是“会进行心理教育疏导”。及时跟进的心理疏导对于跳伞员的心理恢复和心理平衡十分有效。一名跳伞学员说:“跳伞过后,心理上多多少少出现了一些变化,有积极的,也有消极的。而这时,心理教员的跳后心理干预又是那么的及时而又得当。一方面消除了我心中的苦闷,去除了负能量;另一方面又书写了我心中的豪迈,增添了正能量,使我能以更加积极饱满的姿态迎接接下来的挑战!”在实际工作中,可以综合运用面对面咨询、电话热线咨询和专家网上在线咨询等多种途径方法,及时回答官兵提出的问题,消除官兵的心理困惑。

受访者 X9 谈到自己跳伞扭脚也不敢给别人讲的一种心理过程,这样自我承担心理风险的方式对个人来说是不利的。

I:[补差时第一次跳伞因为拉操纵棒失误导致着陆扭脚]你下来之后有什么感受?

X9:赶快把伞收了,赶紧去放伞的地方,别让人看到,有点丢人,嘿嘿。我很快就把伞收了。

I:这事儿你也没有跟旁边的战友啊什么的聊聊天?

X9:我还是比较内向的吧,这个事儿我就没跟别人说。

I:你觉得对你心理上有啥影响没有?

X9:没有一点儿影响吧。当时想着别被把关了。因为被把关了,还是挺丢脸的。

I:啥叫被把关?

X9:把关,就是比如说你出现特情了,可能就是不让你跳了,或

---

① 师级以下单位的政治教员应当做到:会搞思想调查和计划安排教育,会运用现代化教学手段备课讲课,会做思想工作,会进行心理教育疏导(简称“四会”)。

者是减少你跳的次数。然后再让你训练一段时间再让你跳。

I:那这个事还是挺丢人的。

X9:对。我就虽然脚腕有点疼,也没说,谁也没说,之后继续跳了。

I:这个事儿你跟你家人说过吗?

X9:没有。因为说实话,确实也没什么事儿吧。

近年来,虽然心理咨询工作已被空降兵部队所重视,但基层部队开展心理咨询的还不够多,主动进行心理咨询的官兵也很少。这就要针对官兵的特点,采用更加科学化、人性化的心理咨询工作方式。不少基层官兵对于求医,尤其是求助心理咨询有种莫名的羞耻感。而对于心理健康问题所持有的羞耻感已经成为那些有心理问题需要帮助的官兵面临的巨大障碍。受访者 X7 说:"基层一般也没有人去找他(心理咨询师)。我跟他关系比较好,没有战士去找他。"有的部队领导对心理问题有种污名化的倾向,生怕被说"我们的战士有病"。这些现象应该受到重视,切实让人文关怀和心理疏导成为帮助官兵解决心理困惑、度过心理危机的可靠手段和有力措施。

(三)纯正部队风气,融洽内部关系

习主席深刻指出:"社会上一些不良风气在部队都会有所表现,一些病菌也在不断侵蚀部队的肌体。有病就要治,而且大病小病都要治,要及时治[①]。"当前,部队发展建设中存在着一些风气不良的现象,如军事训练和演习中的"作秀"现象、管理教育中的"惯养"现象、营区内部环境中的"休闲"现象、选人用人和利益敏感事件中的"腐败"现象、领导干部自身要求"松懈"现象等,这对于部队建设发展有百害而无一利。风气连着部队士气,好的风气能够凝聚人心,坏的风气能够破坏内部和谐。受访者 X33 说:"现在这些风气慢慢好转了,你自己会觉得心情上比较舒服,至少对于我们年轻人来讲就是看到了一些希望。这个很重要。"

受访者 X12 谈到部队风气的巨大变化,在士官选改等涉及战士基本利益的问题能够做到更加公开透明。

---

① 总政治部.深入学习贯彻党的十八大精神军队领导干部学习文件选编[G].北京:解放军出版社,2013:301.

X12：切身感受，现在的风气确实比以前纠正了很多。现在的风气，一个就是总体的大环境，就是一个正的风气。而且都比以前要更务实。从上级领导过来检查，各个方面，包括对官兵、对基层关心关爱，硬件设施，都比以前要稍微那个一点。比如说，对我们来说，士官选改，要比以前更正规一些。以前的话，签［士官］的人也比较多一些，选拔要更那个一些。现在是，只要按你工作成绩来看，只要你在单位表现得好，工作突出，那基本上你就是靠前。现在是基本上你想留，问题都不是很大。但是你犯了错，违反了纪律，那肯定是不行的。签士官的话，个人感受，就是好多了。

受访者X9谈到部队风气正了，能够起到融洽内部关系的作用。纯正部队风气，融洽内部关系，无形中减少了人与人之间的纠纷和摩擦，等于是为心理风险管理拉起了“警戒线”，阻断了发生事故案件的内部动因。

X9：比如说，官兵关系比以前要好了很多。以前在学校，回到学校要给队干部带点东西啊，连队的话，就不会存在这些。比如说，官兵回来了，也就是销个假，也不会去送什么东西。很轻松，没有那么……还有，官兵关心的问题，都会有公示栏，阳光透明了。现在不会说，比如说支委会，支委很神秘地开个会，其他人也不知道开的什么内容。选举，现在都很公开透明的，要选多少个人，有什么标准，都确定之后大家就都［知道］，这样就很公开透明。一些比较敏感的问题，也不会出现那么多纠纷啊、造成官兵不和谐。

《军队预防犯罪工作条例》(2019)规定：“营级以下单位每月至少进行一次预防犯罪工作形势分析……重点分析所属人员的思想状况、诱发犯罪的因素、突出的倾向性问题和工作中的薄弱环节，预测部队可能发生的案件和问题，有针对性地提出防范措施，明确工作责任，督促抓好落实。”而要真正消除基层建设中的各种不良风气，必须着眼形势任务需要，着力在纠治“四风”“五多”上下功夫，努力形成团结和谐、遵章守纪、公正廉洁、拼搏向上的良好局面。具体来说，一是要建章立制强监督，把风气建设严肃起来；二是要落实制度抓规范，把风气建设严格起来；三是要狠抓制度促养成，把风气建设经常起来，坚持靠制度规范官兵的言行，特别是对管人、管物、管钱等重要岗位人员的履职尽责情况，以及选人用人、士官改选、重大经费使用等敏感事务，要坚持关口前移，注重事前监督和防范，及时发现纠治存在的突出问题，真正实现靠制度管人、靠制度管事。部队风清气正了，内部关系自然就顺畅融洽了，一切工作的开展也就井然有序了。

三、挂牢空降兵心理风险管理“安全绳”

依据心理风险的影响因子，从心理风险的涉事主体角度来说，需要挂牢空降兵心理风险管理“安全绳”。安全绳是挂在飞机上与跳伞员背后主伞相连接（连接的设备叫拉绳弹簧钩）的一段拉绳，目的是拉出跳伞员背后的引导伞，以能够让主伞顺利工作，从而帮助跳伞员安全着陆。这个安全绳是对跳伞员起作用的。根据空降兵心理风险的因子结构分析，影响心理风险的因子包括风险因子、保护因子和双向因子，所以就需要及时掌控这些因子，主动作为，有意识地减少风险因子，增加保护因子，控制双向因子的不良效应，这就像为空降兵心理风险工作挂牢了“安全绳”一样。空降兵心理风险管理工作的对象主要是空降兵部队官兵，尤其是空降兵基层部队的官兵，必要时也包括在重大事件发生时或发生后与之相关的人群。古人云：“善出海者察其本，善理疾者绝其源。”所以，空降兵心理风险管理应面向普通人群和基层组织，重视培育积极的心理状态和良好的心理素质，着重增强人员的心理储备与心理资本，从根本上降低心理风险发生的概率和减小心理风险造成的损失。

（一）普及安全教育，增强风险意识

习主席在十九大报告中强调：“统筹发展和安全，增强忧患意识，做到居安思危，是我们党治国理政的一个重大原则[①]。”忧患意识其实就是风险意识，而要增强风险意识需要进行安全方面的教育训练。人们常常会对实际的风险程度有一些过度的恐惧情绪反应，比如，跳伞的事故率只有大约万分之一，但是人们对它的紧张焦虑和恐惧情绪往往与事故风险是不对称的，紧

① 习近平．决胜全面建成小康社会 夺取新时代中国特色社会主义伟大胜利——在中国共产党第十九次全国代表大会的报告［M］．北京：人民出版社，2017：24．

张恐惧心理会造成不适当的行为表现,从而产生更大的心理风险,这样会形成一种动态的自我强化过程。这在访谈中有很多的体现,例如一些钻牛角尖的人死活都不跳伞的情况。这时候,如果我们能够让他们意识到自己所经历的紧张恐惧并不与实际情况成正比,那么他们就会努力使自己做出更恰如其分的反应。这其实是一个心理风险意识的问题,换句话说,如果我们自己能够清楚地知道在遭遇紧急事件或危险事件时应该采取怎么样的保护措施,那么我们就能够更好地接受这种心理风险的后果。

受访者 X10 讲到了他们所进行的清弹活动,认为人们常常对潜在的危险是后知后觉的,这其实是因为缺乏教育而导致的风险意识薄弱的问题。

X10:其他的军事活动,就讲几个例子吧,就是感觉比较有意思的。不是×××(单位)要打弹吗?打那个迫击炮弹,这个未爆率还是比较多的。不知道为啥,就是打出去就没有炸。那他们就要过去清弹。可能打完弹之后,边上的老百姓啊,可能会伤害到别人的地方,因为基本上是外面的驻训场地,不是单位的靶场,属于外面的靶场。就是哪些弹爆了,哪些弹没爆,那就去爆破,就是清弹。清弹的时候,可能当时,哎,没有出问题啊,大家都笑哈哈的,就去捡弹。捡到一个弹就非常开心,但是有时候想想还挺后怕的。有时候还瞎捣鼓,有时候不小心还掉下来了。可能是没有出问题啊,没出这方面的问题。但是,有时候确实把这个东西搞完之后,我想想,像这种收弹的,还是害怕的,很危险的。也是比较后知后觉吧,我感觉。

受访者 X1 则总结自己的工作经验,认为安全预想与风险评估具有重要的作用,这能够提高官兵的风险意识。

X1:我就是这些年,以前还没有这个意识,从当队长了之后,在管理上我就很注重。办任何事情之前,以前没有提出叫风险评估,是不是?以前叫预设预想。以前都没有这个,取了个高雅的名字,叫风险评估,是吧?以前就叫,安全预想,实际上就是一个道理,就是把情况预想清楚,把可能发生的都要考虑到。作为管理者和被管理者来讲,你要是没讲,他可能意识不到,你要是给他一讲,哎,是这么回事啊。实际上就是对他一种提醒。

受访者 X8 谈到了辩证的安全观的问题,过分地担心风险而忽视安全性的一面对开展工作也是不利的。这都说明了良好的心理风险意识对于心理风险管理和促进心理安全具有重要作用。

X8:跳伞这个亡人,历史上一直就有啊。说是万分之一的比例啊,这比例还是非常小的。什么事情也没有绝对呀。不管干啥,包括飞行,没有绝对这一说。跳伞本来就是有风险的科目。只能说把这个比例一直降,降,控制到最低范围之内。没有一个人敢讲完全杜绝这个。每天都有这个目标,但是各种情况可能都会出现事故。因为高空作业嘛,隔段时间飞机还摔几架呢?哪个单位训练总会出现……比率吧,只要控制在比率之内,没有什么。不能因为这个就不跳伞了,对不对?这东西要辩证来看。

格尔德·吉仁泽(Gerd Gigerenzer)在《风险与好的决策》一书中指出,风险能力教育应该包括三项技能:“统计学思维是一种数学能力,比如理解降水概率;经验法则有助于我们在面对不确定性时做出明智的决策;风险心理学关注的是情感和社会力量,可以引导个体或群体行为[①]。”的确,如果一个人在心理上对某一事物有所警戒和准备,那么他便会对该事物具有很强的敏感性和排斥性,这本身就是一种自我保护。在汶川地震中有一个典型事例,安县桑枣中学因长期开展防灾逃生的应急训练,当地震突发时,2 200 多名师生在 1 分 36 秒内安全转移,创造了大地震中的“零伤亡”奇迹。事实说明,有无风险意识和风险防范措施,后果迥然不同。因此,在实际工作中,要进行心理安全与心理风险方面的宣传教育,以强化空降兵部队官兵的工作责任意识,这样他们在工作、学习、训练和执行任务的过程中才能有效对心理风险进行防范,这就好像绷紧“安全弦”和挂牢“安全绳”的效果一样。只有真正对心理风险管理有一个全面完善的认识,才能有效控制心理风险事

① 吉仁泽.风险与好的决策[M].王晋,译.北京:中信出版社,2015:307.

故的发生。

(二)组织心理训练,提高心理素质

莱文(Peter A. Levine)说:“当我们用行动同致命威胁抗争时,与生俱来的反应是如此的强大且充满智慧[①]。”这其实就是说,我们身体内部的“能量”是非常强大的,当我们遇到危险时它们会被生物的生存本能所激发和释放。对空降兵部队官兵的研究恰恰说明了人本身所具有的内在的积极力量:“经历过抗震高应激的军人,可不同程度地提升自身的正性情绪体验,提高心理健康水平[②]。”这是一种压力后成长现象。

克劳塞维茨(Carl Von Clausewitz)认为,“胆量、坚韧等心理素质是促使人们在精神上战胜极大危险的一种可贵的力量,是战争中一种独特的有效要素”。而我们承受风险的心理素质与对风险的抵御能力是在不断承受的过程中锻炼出来的。心理训练可以提高人的心理素质。“军人心理训练,是指对军人个体和集体进行的必要的心理素质的训练[③]。”更具体地说,“军人心理训练是运用心理学的基本原理,按照一定的方法和步骤,有目的、有计划地对官兵的心理施加影响,培养官兵心理素质的活动[④]”。受访者 X1 说:“那肯定,新手就是容易出事。所以说,跳伞和心理素质有很大关系。”受访者 X3 说:“[跳伞]对心理素质要求也是高得很!”受访者 X11 说:“跳伞这块,最关键的是心理作用。你说跳伞有啥,给我感觉非常安全。越大胆,心理素质越好,它越安全。越动作不行,越紧张,它就越容易出问题。这个东西本来就是辩证的。”这道出了心理素质与跳伞安全之间的辩证关系。

受访者 X5 从正面来讲心理素质过硬对跳伞的好处,可以帮助跳伞员采取补救措施来处置险情。

---

① 莱文.心理创伤疗愈之道:倾听你身体的信号[M].庄晓丹,常邵辰,译.北京:机械工业出版社,2017:19.

② 周军,明平静,程才,等.某空降部队官兵四川抗震期间抑郁情况分析[J].解放军预防医学杂志,2009,27(4):280-281.

③ 全国军事术语管理委员会.中国人民解放军军语(全本)[S].北京:军事科学出版社,2011:306.

④ 许闯,吴敏波.用“实”招加强军人心理训练[J].政工学刊,2017(8):69-70.

X5：说实在，发生在我们身边的有很多例子。主要是要跳伞官兵心里不慌，心理，为什么呢？如果说你心理过关，那都有很多补救的措施。假如说，刚才说的主伞不开，主伞不开不是说没有方法了，因为胸前还有一个备用伞。主伞不开，可以用打开备份伞的方法来自救啊。你自己在空中自己处理不好，自己昏迷了，备份伞打不开，……还是自己的心理不是很过关。

受访者 X11 则从反面来讲心理素质不过关的坏处，可能导致新兵接受能力差和心理承受力弱。

X11：因为新兵他心理素质本身就不是很过关，不过硬，无非是身体素质好一点儿，他腿呀……现在回过头来看，新兵，把他身体素质搞得过硬，然后他这个心理素质才能过硬。体能如果软绵绵的，动作他又跳不好，他自己就没胆儿。你像现在有几个学体育过来的，他平时动作都不一样，干什么事儿要比别人稳重一些。心理素质不行的，你说一下，批一下，动作又纠正，接受得也慢。

受访者 X10 谈到高空心理训练可以提高人的适应能力，从而使跳伞官兵能够更从容地应对突发情况。心理素质像是一个中介一样，来促进积极因素发挥作用，并减少消极因素的负面影响。

I：看来高空确实会出现这种特别紧张导致自我控制力很差的情况，对吧？

X10：是的，会有的。

I：看来有必要进行高空训练。

X10：高空训练是需要的。相当于熟悉了就不害怕了。假如说确实出了情况了，他还是能反应过来的。他醒过来之后，他还是能反应过来的。他就能缩短这个反应时间，我觉得。你出来之后，原先可能蒙上两秒，练过之后，可能蒙 1 秒就够了，那还有 1 秒的处置时间。因为跳伞本身时间就非常短的。

已有研究以及笔者所进行的访谈一致表明，跳伞和心理素质有十分密切的关系。一项对中国空军飞行学员跳伞受伤的调查发现:“良好的心理素质、良好的跳伞动作和女性飞行学员是与降低受伤率相关联的内在因素①。”孙伟和王伯运指出:“回顾近年来组织部队跳伞训练中发生的事故和隐患,85%以上是由于跳伞员自身心理素质不过硬,导致被动离机、动作变形及操纵失误而引发的②。”周军和程才对空降兵人格特征研究后提出:“建议把好兵源关,建立心理辅导站,加强心理训练和不良行为矫正,以提高空降兵的心理健康水平③。”因此,有必要开展心理训练以提高空降兵部队官兵的心理素质。在跳伞心理训练实践中,笔者所在团队提出了“驼峰前移理论”,认为跳伞员在跳伞过程中都有一个“不紧张→紧张→逐渐不紧张”的心理历程,其中第三、四次跳伞心理反应最为强烈,形成一个类似驼峰的曲线,如果跳伞训练中加入心理训练内容,形成“体—技—心”训练模式,那么就能把跳伞员的紧张体验提前(即驼峰前移),从而降低跳伞的心理风险。因此,不论是从已有研究还是从访谈情况看,加强心理训练尤其是跳伞心理训练,对于提高官兵心理素质很有帮助,这对于他们应对困境和规避风险都是必需的。

“心理学实验表明,专业的心理训练可以培养军人对危险性做出有益和积极反应的能力④。”在跳伞心理训练中,可以借助高技术手段来增强训练效果。例如,可以运用虚拟现实(VR)、增强现实(AR)等技术构建跳伞模拟训练平台,在感知觉和认知域等方面生成与跳伞过程相类似的空降情境,提前让受训者体验空降过程中的紧张、恐惧等心理状态,实现“驼峰前移”,培养跳伞员在复杂情境下的处置与应对能力。还可以把录像回放/复盘、技术动作分析、生理指标监控等结合起来,通过反复训练来规范和固化空降兵部队官兵的技术和心理,提升他们对跳伞活动乃至空降作战的信心。

---

① GUO W J, CHEN Y R, YANG Y B, et al. Analysis of risk factors for military parachuting injuries among Chinese air force cadet pilots [J]. Applied Mechanics & Materials, 2015: 423-426.

② 孙伟,王伯运.应对跳伞员心理障碍对策研究[J].空军院校教育,2015,27(4):39-40.

③ 周军,程才.空降兵人格特征调查分析[J].护理学杂志,2009(2):68-70.

④ 许闯,吴敏波.用“实”招加强军人心理训练[J].政工学刊,2017(8):69-70.

（三）提升训练水平，锻造过硬素质

实践表明，越严格训练越不容易出问题，越消极保安全往往越不安全。这揭示了军事训练与安全的辩证关系，因此，在军事训练上必须树立正确的安全观。把严格训练、提高训练实战化水平和保证训练安全统一起来，辩证看待实战化训练风险，坚决克服以牺牲战斗力为代价消极保安全，严格训练、科学训练、安全训练。受访者X6说："军事素质不行，什么都白扯。这个真正做到了向战斗力靠拢，这个是最真实的。"从身心互动论的角度看，身体素质上的增强以及对痛苦忍受程度的提高，有助于培养官兵坚韧不拔的心理品质，有助于在长时间、高危险、高强度作战环境中军人的作战能力，以应对未来战争的需求。正如受访者X26所说："确实，跳伞确实还是比较锻炼一个人心理，后来包括现在好多事情没那么怵，你想自己跳伞跳过一次心理上就感觉死过一回了，后来就没有这种过度的畏惧。说不害怕是不可能的，也害怕。"

受访者X2认为以前不正确的工作导向会影响军事训练的过程和效果，从而导致部队工作出现偏离战斗力的情况。

> X2：那时候我的想法就是，你对干部的考核评价的方式，影响到了训练……我们常说一句话，年头出事白干一年，年尾出事一年白干，那时候就流行这句话。所以说，从×××（单位）里到连里，把安全放在第一位，宁可不训练，或者训练走形式，训练打折扣就是这样。领导首先考虑的是，我不出事，这就行了。上面检查，为什么同意这种方式，那也是他怕出事。这是一个导向问题。对一个干部的考核评价，跟计划生育一样，一票否决，那就导致了这种没有向战斗力靠拢的训练。

受访者X10谈到军事训练不科学的问题，认为组训者的综合素质需要提升，以达成更好地训练效果。

> X10：军事训练，我感觉，相对来讲，这种组织方式或者模式，整体来讲还是简单粗暴的。因为这个班长啊，基本靠伞训骨干来带。伞训骨干怎么出来的呢？就是选的人，去到×××（名称）队去跳，跳

完之后回来到连队当伞训骨干。不是伞训长，伞训长是干部担任。伞训骨干，就是说每个连队必须要有。他们这部分人，第一个，就是属于……也就相当于因为知识能力水平有限，只知道这个怎么跳，怎么叠伞，怎么教，怎么动作，但是更多的关于心理的疏导或者解决方式啊，还是非常欠缺的，这一块。

受访者 X34 谈到反复的科学的跳伞训练能给人以安全感，并且能够以一种条件反射的方式来完成跳伞任务，这本身就是跳伞员过硬素质的体现。

X34：长时间反复的训练，肯定是人给心理安全感的。包括叠伞，地面动作这些一步步的。说实话，到第一次跳伞的时候也是慌，尽管你搞了接近两个月的时间，但谁上去谁都慌。我感觉当时我跳下去就两个原因。第一个是自己已经成为习惯了，平常练得多的话，前面一个跟着走我们就跟着走；第二个只要是有点血性的男人，到那种情况下绝对不好意思坐着飞机下去的。这么多年，每批新兵好几千人，坐着飞机下来的还是极少数。

从心理学角度看，贴近实战化的训练能够锻炼官兵的心理素质，使其更好地适应未来的战场环境。例如，俄军心理学家认为，缓解战场紧张的最佳途径就是事先反复经历同样的危险情况，2 次到 3 次后就可以使 96% 的士兵消极心理反应的强度降低或消失。谢圣东、帅伟伟和曹昌新提出跳伞模拟训练，“利用模拟飞机模型进行训练，……在训练场感受到飞机上的气氛，以尽可能逼真的手段提升跳伞训练时学员特有的智力、意志、情绪控制能力，以提高学员在复杂心理环境中的跳伞技能①”。前文中受访者 X11 提到的“跳伞模拟器训练”就是这种理念的实践。军事心理学认为，严格的军事训练可以锻炼军人的意志力、团队的凝聚力以及个人对团队的归属感。美军空降作战条令认为，“标准化训练有助于培养班排的凝聚力和战斗精神，这有助于他们在作战中克服困难，确保自身安全，顺利完成作战任务”。对空

① 谢圣东，帅伟伟，曹昌新. 升空跳伞训练中学员心理素质训练[J]. 空军院校教育，2014，26(1)：37-38.

降兵而言，实战化的军事训练能够提高官兵的能力素质，同时能够对人的心理素质进行反哺，这对于控制心理风险是大有裨益的。

四、建好空降兵心理风险管理“着陆场”

依据心理风险的控制策略，从心理风险的响应机制角度来看，需要建好空降兵心理风险管理“着陆场”。简单地说，着陆场就是用于空降的一块长方形地域。实际上，着陆场的良好运行，既需要硬件设施齐全，又需要配套的软件设施，例如地面指挥、对空广播、地面保障、医疗救护等。因此，着陆场是一个很大的系统，对保障空降安全至关重要。同样地，对空降兵心理风险管理而言，建立运转有序的运行系统是做好空降兵心理风险管理工作的必要措施。空降兵心理风险管理具有预防性和服务导向的特点，是一种常态化的心理风险管理体系，而不是运动式的应急管理系统。习主席在2016年“全国卫生与健康大会”上强调：“要加大心理健康问题基础性研究，做好心理健康知识和心理疾病科普工作，规范发展心理治疗、心理咨询等心理健康服务。”①此后，国家卫生计生委等22个部门联合印发了《关于加强心理健康服务的指导意见》(2016)，重点指出加强心理健康服务的重要意义，以及建立健全心理健康服务体系、加强心理健康人才队伍建设等方面的内容。这些对于规范空降兵心理风险管理工作具有重要的指导意义。而要规范空降兵心理风险管理程序，必须保证心理风险管理工作有一个长期的执行组织和运行制度。具体来说，就是建立反应的预案，配备相关的人员，并且分工明确，形成一套顺畅有力、高效可持续的工作流程和方法，包括组织机构、管理流程和评价办法等。这就像一个“着陆场”系统一样，贯穿于空降兵心理风险管理的整个过程之中。

(一)注重领导带头，构建专家智库

古人讲“惟贤惟德，能服于人”，是说“德”是领导者身上的一种可贵品质。凌文辁提出了中国文化背景下的CPM领导行为模式，认为在中国的组织中对领导的行为评价除了P因素(performance，工作绩效)和M因素(maintenance，团体维系)之外，还存在着中国文化特色的C因素(character and

① 把人民健康放在优先发展战略地位 努力全方位全周期保障人民健康[N]. 解放军报，2016-08-21(1).

morals,个人品德)。凌文辁和王嘉庆研究发现:“领导者的个人道德可以起到榜样示范的作用,能够带动部属遵守组织的规章制度,规范自身的工作行为,从而较少地实施组织负性行为①。”美军领导条令强调,军队一定要以团队形式才能运作,即“领导是一种团队努力”。美军空降作战条令明确规定:“所有的领导必须是足智多谋、坚韧不拔、勇敢顽强的军人……更为重要的是,在近战中他们必须身先士卒,冲锋陷阵,夺取胜利。”其实,领导力很大程度上是一项人际技能,运用沟通、监督、团结能力,把官兵凝聚为一个团队,集中个人能力为团队实力。领导干部高尚的道德情操,能吸引官兵自觉自愿信服,并产生崇高的敬佩感。

受访者X8谈到自己在担任指导员期间干部和骨干带头跳伞的情况,这是一种非常好的传统。

> I:你在当指导员期间,跳伞你都参与吗?
>
> X8:带跳。都跳。第一名出去嘛,全连第一个嘛。
>
> I:是你们所有连队都是这样,还是说就你一个?
>
> X8:反正第一名必须是干部或者是老兵,一般都是干部,第一个出去嘛。有时候连长,有时候是指导员,第一个出去。全连第一架次的第一名,不是连长就是指导员,每个连队基本上都是这样。

受访者X9也谈到主官和干部带跳能够起到引领的作用。

> X9:……我觉得一个连队的内部关系还是很重要的。[战士]他能认可你干部的话,他才能更信任你。而且现在跳伞,都是干部带头跳,连长、指导员都带头。连长和指导员都是第一个,分不同的圈次。主官都是带跳的,我觉得还是比较科学的吧。

邓小平讲:“为了促进风气的进步,首先必须搞好党风,特别是要求党的

---

① 凌文辁,王嘉庆.CPM领导行为模式对员工反生产行为的影响:领导信任的中介作用[J].现代管理科学,2014(12):30-32.

各级领导同志以身作则[①]。”中国革命战争年代，正是靠各级指挥员“跟我上”的榜样力量取得了一个又一个胜利。现代战争对抗更加激烈，领导干部必须在方方面面都带好头当榜样，始终发挥好示范和引导作用。领导者能够起到榜样示范作用，才能带动部属的规范化行为。我们生活中常说“喊破嗓子，不如做出样子”，说的就是领导带头能够起到引领部属推动工作的作用。

一般来说，如果在危机发生后产生较大损失，领导者往往负有很大的责任。因此，他们应该在工作中身先士卒，当好领头雁，起到领率作用。毛泽东说：“领导者的责任，归纳起来，主要是出主意、用干部两件事[②]。”因为领导者不一定是专家，所以应该建立心理安全预警的“第一智库”，就像头雁带领的雁群。毕竟任何领导者在知识、能力、精力、信息渠道与信息处理中都有局限性，所以在专业领域内发挥“专家智库”的作用就显得十分重要。这恰恰是目前空降兵部队所欠缺的，需要领导者牵头建立起应对心理风险的“专家智库”，来推动心理风险管理工作的开展。

（二）建设人才队伍，增进防控能力

人才强则事业强，人才兴则军队兴。人才队伍建设是一项长期性、基础性、综合性的重点工程，关系一个单位的长远建设与发展。当前空降兵的心理服务人才是欠缺的，因此，要利用多种渠道选人育人用人。一是积极构建院校培养与部队培训相结合、军队培养与地方引进互补的心理服务人才培养格局，对现有专职（或兼职）心理医生和心理咨询师进行轮训和补训；二是采取部队培训和送学培训等方式，培养基层干部的心理服务技能，逐步建立起一支专兼结合、梯次配备、素质过硬的心理工作人才队伍；三是重视军地合作、军民融合，利用地方心理专家为官兵做好心理服务，这方面已经有了一些实践和有益尝试。余存良指出：“师心理服务领导小组第一时间与驻军医院和地方医院心理辅导站沟通，充分利用当地人才和技术优势，积极协调邀请心理辅导专家到部队野营区域，为官兵进行高原心理卫生防病常识授课辅导，现场回答讲解官兵的提问，确保官兵心理健康[③]。”

受访者 X7 谈到自己所在部队比较重视心理专业人才，并进行送学，在

---

① 邓小平. 邓小平文选：第 2 卷[M]. 2 版. 北京：人民出版社，1994：177.

② 毛泽东. 毛泽东选集：第 2 卷[M]. 2 版. 北京：人民出版社，1991：527.

③ 余存良. 空降兵部队高原实兵演习期间开展心理卫生服务的体会[J]. 空军医学杂志，2011，27(4)：242/238.

考取心理咨询师证书之后成为心理专业工作者。

> X7:个人感觉我们×××(单位)还是比较重视的。跟我一起毕业的,有一个是从二医大毕业的。他去×××(单位)里以后,我们政委说让他担任心理医师,让他去学,直接就把他派出去学心理咨询师,考了心理咨询师证了,在我们×××(单位)就是一个心理咨询师的角色。

受访者X8谈到部队从事心理专业人员的情况,并对人才队伍建设、配套设施配备方面有所忧虑,并认为心理工作的前景十分广阔,可以大有作为。

> X8:我知道,×××(单位)里以前统计过,×××(单位)里只有1个心理咨询师,还是3级,有证的,是在卫生队。是技术8级了吧,资格还是比较老的。你光有这个人,诊所,设施,啥都没有啊。也没见专门搞个咨询室,宣泄室,搞些设备,趋近于0。像这个标准我也困惑,比如说,×××(单位)这一层,心理要具备哪些东西,硬件设施,人才,队伍。不光有人才,你还要有队伍啊。不是说这个人走了,断层了。按照心理战的要求,每个连要配备3到5个心理战骨干呢。但是,这块因为没人懂,这是个弱项。你说到哪个连调查,心理战骨干,是谁,懂啥,开展什么工作,估计去问也是0。心理战有个心理战作战纲要,对一个连队要求是3到5名心理战骨干。要求是有,没有实施过,可以这么说。因为心理战骨干,需要×××(单位),甚至×××(单位),进行培训啊。怎么培训,谁来培训,培训什么内容,这块没有。所以说,下一步你们[心理工作]空间也很大,你们在这方面可以弥补一下。

从访谈的情况看,目前空降兵部队存在着心理人才需求巨大与现实人才缺乏的矛盾。要建设空降兵心理服务人才队伍,增进心理风险防控能力,需要从构建心理干预人员、心理干预机构和社会支持系统三个方面着手。切实畅通家庭支持渠道、发挥好朋辈心理咨询的作用,有效增强官兵的心理防控能力,让官兵在遇到心理困扰时能够合理倾诉和宣泄,这有助于他们保持内心的平衡与和谐。

(三)重视内在激励,强化责任担当

心理风险管理是一个系统工程,需要各方面共同努力来达成目标。法国社会心理学家古斯塔夫·勒庞(Gustave Le Bon)指出:“一切文明的主要动力并不是理性,倒不如说,尽管存在着理性,文明的动力仍然是各种情感——譬如尊严、自我牺牲、宗教信仰、爱国主义以及对荣誉的爱①。”这对于军队这个特殊群体也同样适用。在访谈中,笔者发现有两条是非常重要的,一是荣誉感,二是责任心。这是干好工作的重要动力,不管对于心理工作者还是其他的基层官兵来说都是如此。

习主席在十九大报告中明确提出:“推进军人荣誉体系建设”“维护军人军属合法权益,让军人成为全社会尊崇的职业②”,这极大地激发了军人的荣誉感。赵晓玲把军人荣誉感界定为“军人对自身所履行义务和职责的价值本质、道德行为规范、职业伦理完全自觉并肯定,且认真持守的态度,是一种激励军人更好履职尽责的积极心理和情感③”。荣誉感会让人觉得自己干的工作有意义和有价值,这样他就会自觉地投入更多的精力和努力,以更高的标准来完成任务。受访者 X13 说:“跳伞,我感觉,有新机型和新任务的时候,我特别想上,就是很渴望的那种感觉。假如我今年我去×××(名称)队跳伞,我就感觉我特别幸福。”可以说,荣誉感成为受访者个人跳伞获得幸福的源泉。

受访者 X6 谈到自己在空降兵部队的经历颇有自豪感,他认为正是这种荣誉感能够激发个人乃至集体的积极性,甚至可以激发起人们身上那股舍生忘死的勇气和力量。

---

① 勒庞.乌合之众:大众心理研究[M].冯克利,译.北京:中央编译出版社,2004:80.

② 习近平.决胜全面建成小康社会 夺取新时代中国特色社会主义伟大胜利——在中国共产党第十九次全国代表大会的报告[M].北京:人民出版社,2017:53-54.

③ 赵晓玲.当代革命军人荣誉感及其培育[D].石家庄:河北师范大学,2012:8-9.

X6：我对这支部队的了解，它跟其他部队确实不一样。这支部队培养战斗精神方面是值得学习的。第一，就是自豪感。到别的部队提起自己是×××（单位）的，别人都肃然起敬，自己觉得很有面子。这个一方面是因为我们的任务特殊，但是说白了，飞行员的性质比我们还特殊，这是一方面……还有就是互相之间的积极性跟别的部队不一样。有句话说得很好，……它说，可能抗震救灾去的那些战士，可能是平时在军营里边喝酒抽烟的这样一帮人，遇到战时他们可能马上换上军装舍生忘死地去了，这样的战士仍然是一名好战士。

受访者 X27 对军人职业的未来前景充满乐观，让自己更为积极地看待问题，这种正向的自我激励会对工作起到强有力的推动作用。

X27：十九大报告提到的，让军人成为全社会尊崇的职业。这个还是很提气的。之前军人的地位确实受到了一系列的挑战。我跟老一辈的人说我在部队，他们都说挺好的，跟年轻一点的说我在部队，他们会说，是不是回不了家啊。其实现在部队的工资还是可以的……算是比上不足比下有余吧。我们要考虑到自己的现实生活，而我们更多地之所以选择来部队，是怀揣着自己的理想的，是有自己的奋斗目标的，是想为这个国家、这个军队做贡献的。好多同志怀着一颗想打仗的心来这儿的，是一腔热血来的。之前为啥那么[憋屈]，因为我做贡献你还瞧不起我，还说我是穷当兵的，你还质疑我的各项权益，感觉心里很失落。如果地位提升了，我们为这个国家做贡献感觉也是更加有底气，家人也会更加理解，身边同志也会更加理解。而且我相信将来社会导向也会好的，之前社会导向是有一定问题的，现在是逐步好转。以前是拜金，谁有钱谁就说了算。……现在逐步转变这个风气，这样的话，对我们来说是比较好的。我感觉在部队的干部都是比较讲党性的，对于很多问题是有基本的认识的，而且希望社会好转的。而且社会已经给了这样的大环境，也是比较欣慰，而且看到前路也是比较光明的。

梁启超说过："这个社会尊重那些为它尽到责任的人"。强烈的责任心是执行力的重要前提，也是执行力的内在动力。外军普遍重视官兵责任心的培养，美军的军魂就是“国家、责任、荣誉”，墨西哥时刻强化军人“忠诚、责任、勇敢”的精神，他们都把责任放在重要位置突显出来。所以说，知荣辱，尽责任，才能更好地做好自己的本职工作，才能更好地在部队建功立业。

受访者 X12 谈到伞训骨干在跳伞训练中的责任心，这种责任心是因为他们知道这关乎战友生命安危，即使个人面临即将离开部队的情况依然如此，这是一种训练有素的可贵品质。

> X2：跳伞训练，出意外呀？这种事，咋说哩。从整个组织来看呢，空降兵的跳伞训练还是组织很严格的。还有伞训骨干，这是人命关天的事儿，没有哪个是不负责任的。即使你不愿意干工作，你像我们伞训长，有时候他时间长了，感觉没啥希望了。平时上班的时候偶尔来一次，但是伞训的时候非常认真。训练这一块[的问题]，不是因为他们不负责任搞的。

受访者 X2 本身就是一名伞训教员，他也谈到这种责任心的问题。

> X12：我们的工作都是伞训嘛。就像我们说的，干一行要爱一行，要钻一行。干这个，毕竟我们当教员的，必须把新兵的生命安全放在心上。必须要有这个责任心。

受访者 X21 则谈到自己作为地面保障人员的经历，认为责任心是保障人员的最重要品质。

> X21：跳伞，记忆犹新应该就这些吧。然后感觉跳伞保障的话，高空中空还是看跳伞员的操控，然后低空看保障人员的责任心吧。他如果责任心比较强的话，跳伞员应该是很安全的，然后，责任心不强，他是不可能的……因为每落一个跳伞员，你就比如说，有一次是一个跳伞员跑得非常远，因为我当时穿着大衣，冬天又比较冷，我跟着跑，我在下面跑，他在上面拉着他跑，他就像骑摩托车一样，他往那个×××(地名)跑，然后，我也是追得筋疲力尽。然后领导还一直给我压力，问找到没有。我说，就一直在跟着。一直在跟

着,跑得特别远,起码跑得有几百米,从我那个水塘,跑到他那个地方,确实绕了好远。当时我找到他以后,问他有事没有,他说没事,我就把他带回来了。

克劳塞维茨(Carl Von Clausewitz)说:“人们内心充满的一切高尚感情中,再没有什么比荣誉心更强烈和更稳定的了[①]。”列夫·托尔斯泰则说:“一个人若是没有热情,他将一事无成,而热情的基点正是责任心。”心理服务工作者在部队做的是秘而不宣的工作,常常是做了也不能说,做得好与不好往往是靠个人的专业素质和职业操守,因此,对他们来说,最重要的是要有荣誉感、责任心,只有这样才能把工作干好,并且在干好工作的同时获得自我的价值感。这是由其工作性质决定的,尊重个人隐私和适当范围的保守秘密是心理服务工作者最基本的职业操守。毫无疑问,这可以作为心理风险管理“着陆场”上的重要组成部分,并发挥着能动的作用。

(四)建立长效机制,确保工作成效

管理界一直有“坠机理论”的说法,强调管理上要采取措施形成一套完善的制度,从而避免因领导者突然“坠机”而导致企业的急速衰落。坠机理论给我们的启示是依赖“英雄”不如依赖机制。空降兵心理风险管理机制是指协调空降兵心理风险管理各个部分之间的关系,并使之更好发挥作用的运行方式。

受访者X8讲到心理风险全面管理的问题,因为心理风险事故的发生可能不单单是某一个环节出了问题,而是因为一环又一环的问题不断出现,如果其中的任何一个环节能够及时采取措施都可能避免悲剧的发生,而从心理风险管理的角度来看,应该注意所有涉及的问题,这是个全面综合采取措施的问题,这就是心理风险全面管理。如果在实际工作中能够各方联动、共同防控,就能够把心理风险消灭在萌芽状态或者减少心理风险所造成的损失。

X8:突然之间出了个事儿,而且还是个干部。他跳伞是怎么牺

---

① 克劳塞维茨.战争论[M].中国人民解放军军事科学院,译.北京:解放军出版社,1964:55.

牲的呢？这个事，因为我是在机关，负责保卫工作，跟那个家人对接。调查这个事儿，他是落水之后，等于是溺亡的。气象是，风是比较大的，飞机投得比较偏。这是一方面，操纵进不来。快落地了，只能到水里边。就是怎么也进不了场了，想避也避不开了，最后落到水里了。落到水里之后呢，以前不是有那个救生背心吗？救生背心的气瓶，拧紧之后它遇水可以自动工作，结果这个拧得比较松，遇水之后工作不了，还必须靠自己用力去拉。当时就是这几点，唉……当时警戒救护的呢，没有及时赶到。综合原因，第一，投放计算有问题；第二，气象，风速确实有点大；第三，自己的救生背心，拧得松没工作；第四，警戒救护，抢救不及时。一条人命就没了。四个[方面]都有原因。出了这个事还是比较可惜的。

受访者 X39 谈到部队管理，认为个人魅力能够在一段时间内起作用，但是从长久发展来讲，还是需要法规制度来管理，这是人治与法治的问题。

X39：这个连队的管理，以后需要靠法规制度的管理，因为这个连长他靠的是个人魅力。如果他走掉了，下任连长如果没他那么有魄力，或者魅力不足，那这个连队就有可能垮掉。还是要从畏惧制度上来管理，人治还是比不上法治。

受访者 X8 还谈到心理风险管理工作是靠时间积累才能显效的，因此，从现实角度考量必须建立心理风险管理的长效机制。

X8：这工作，不是说靠 1 个月就能做出来的。特别是思想，心理，脑袋瓜的东西，不见得那么快起效的。不像跑步，训练，一个月两个月突击强化训练，好了。所以说，你能有什么招儿呢？这就是基层的现实。那看你们心理怎么研究，怎么搞了。

不管是领导、专家、人才队伍，还是荣誉感、责任心，都是人的因素的问题，而制度机制则是要保证事物有效运行，只有把它们结合起来才能形成一个顺畅的系统。因此，对空降兵心理风险管理的角度来看，人的因素与机制的因素结合起来就成为一个完整的“着陆场”。

要建立空降兵心理风险管理的长效机制，笔者认为，需要从四个方面着手。

其一，各个相关业务部门职责明确、沟通协调。综合有效的心理工作需要宣传、保卫和卫生部门及基层上下联动、各尽其职、共同配合完成。从空降兵部队的现实情况来看，职责不明、任务不清的问题相对比较突出。宣传部门重视官兵的思想教育，保卫部门仅仅就个别重难点人登记备案、统计上报，卫生部门的心理咨询室仅仅是测评官兵心理健康状况，进行数据分析，缺乏后续跟进的个体心理服务。

其二，专业人才加强培训学习和实践锻炼。人才引进和培养前文已经做了论述，这里重点讲实践锻炼的问题。“好钢要用在刀刃上，‘千里马’要在大风大浪中经受考验[①]。”心理服务和心理风险管理的技能需要多实践才能更好地提高能力素质，善于总结经验才能更好地提高工作成效。

其三，对空降兵部队官兵要多进行心理安全教育。心理安全教育可以提高人员的心理安全意识和心理风险防范的能力，在遇到心理危机时能够更好地自救和向人求助。可以采取集中培训和分片辅助相结合的办法，定期邀请军地院校的心理专家讲解心理安全常识和心理调节方法，帮助心理安全员熟悉规律，提高发现心理风险的能力。

其四，心理风险管理的工作成效要有评估和检查。要确保空降兵心理风险管理的实效，需要有步骤、有重点地加强和改进检查评估机制。要合理设置测评项目，明确考评的对象、内容、标准和时间节点，规范相关测评的操作程序办法，并让评估和检查成为一种信息反馈的系统，来促进心理风险管理的改进和发展。

---

① 习近平. 之江新语[M]. 杭州：浙江人民出版社，2007：3.

参考文献

[1]CLANDININ D J,CONNELLY F M. 叙说探究:质性研究中的经验与故事[M]. 蔡敏玲,于晓雯,译. 台北:心理出版社,2003.

[2]GAL R,MANGELSDORFF A D. 军事心理学手册[M]. 苗丹民,王京生,刘立,译. 北京:中国轻工业出版社,2004.

[3]GILLILAND B E,JAMES R K. 危机干预策略[M]. 肖水源,译. 北京:中国轻工业出版社,2000.

[4]KENNEDY C H,ZILLMER E A. 军事心理学:临床和作战中的应用[M]. 贺岭峰,高旭辰,田彬,译. 上海:华东师范大学出版社,2007.

[5]LAURENCE J H,MATTHEWS M D. 牛津军事心理学[M]. 杨征,译. 北京:科学出版社,2014.

[6]埃文斯. 风险思维[M]. 石晓燕,译. 北京:中信出版社,2013.

[7]奥克斯丁,等. 危机管理[M]. 北京新华信商业风险管理有限责任公司,译. 北京:中国人民大学出版社,2001.

[8]布莱肯艾安,戈登. 突发事件战略管理:风险管理与风险评估[M]. 吴新叶,赵挺,译. 北京:中央编译出版社,2014.

[9]格罗斯曼. 战争中的士兵心理[M]. 大同,徐娟,译. 北京:中国轻工业出版社,2016.

[10]顾瑜琦,孙宏伟. 心理危机干预[M]. 北京:人民卫生出版社,2013.

[11]哈奇. 如何做质的研究[M]. 朱光明,沈文钦,徐守磊,译. 北京:中国轻工业出版社,2007.

[12]贺岭峰,唐良树. 军队心理服务工作 100 例[M]. 北京:解放军出版社,2013.

[13]贺岭峰,田彬. 军事心理学概论[M]. 北京师范大学出版社,2016.

[14]赫尔曼. 创伤与复原[M]. 施宏达,陈文琪,译. 北京:机械工业出版社,2015.

[15]胡幼慧. 质性研究:理论、方法及本土女性研究实例[M]. 2 版. 台北:巨流图书股份有限公司,2008.

[16]黄超会,王启田. 作战风险管理[M]. 北京:国防大学出版社,2010.

[17]吉. 话语分析导论[M]. 杨炳钧,译. 重庆大学出版社,2011.
[18]吉仁泽. 风险与好的决策[M]. 王晋,译. 北京:中信出版社,2015.
[19]苛费尔,布林克曼. 质性研究访谈[M]. 范丽恒,译. 北京:世界图书出版社,2013.
[20]克兰迪宁. 进行叙事探究[M]. 徐泉,李易,译. 重庆大学出版社,2015.
[21]肯尼迪,齐尔默. 军事心理学:临床与军事行动中的应用(第2版)[M]. 王京生,译. 北京:中国轻工业出版社,2017.
[22]莱文. 心理创伤疗愈之道:倾听你身体的信号[M]. 庄晓丹,常邵辰,译. 北京:机械工业出版社,2017.
[23]劳霍姆-斯科特,菲利普特. 军事心理健康指南:军人及家庭、社区手册[M]. 冯正直,祖霞,译. 重庆:西南师范大学出版社,2016.
[24]利布里奇,图沃-玛沙奇,奇尔波. 叙事研究:阅读、分析和诠释[M]. 王红艳,主译. 重庆大学出版社,2008.
[25]鲁宇. 航天工程技术风险管理方法与实践[M]. 北京:中国宇航出版社,2014.
[26]麦克纳伯. 军人心理承受能力训练手册[M]. 北京:军事谊文出版社,2006.
[27]塞德曼. 质性研究中的访谈:教育与社会科学研究者指南[M]. 周海涛,主译. 重庆大学出版社,2009.
[28]邵辉,王凯全. 安全心理学[M]. 北京:化学工业出版社,2004.
[29]孙敏华,许如亨. 军事心理学[M]. 台北:心理出版社,2001.
[30]汪声达,于建民,梁斌. 飞行训练安全心理概论[M]. 北京:蓝天出版社,2011.
[31]魏刚. 危险时刻安全逃生:灾难逃生及灾后心理恢复[M]. 呼和浩特:内蒙古人民出版社,2014.
[32]沃瑟曼. 自杀:一种不必要的死亡[M]. 李鸣,译. 北京:中国轻工业出版社,2003.
[33]吴杰明. 军队政治工作基础理论概要[M]. 北京:国防大学出版社,2006.
[34]伍培,刘义军,伍姗姗. 安全心理与行为培养[M]. 武汉:华中科技大学出版社,2016.
[35]西奥迪尼. 影响力[M]. 经典版. 阎佳,译. 北京:北京联合出版公

司,2016.
[36]姚国章,邓民宪,袁敏.灾害预警新论[M].北京:中国社会出版社,2014.
[37]朱德.朱德选集[M].北京:人民出版社,1983.
[38]朱廷劭.大数据时代的心理学研究及应用[M].北京:科学出版社,2016.
[39]陈良恩,安瑞卿,张清俊,等.基于心率变异性的新兵跳伞训练心理应激研究[J].解放军医学杂志,2011,36(4):405-407.
[40]陈良恩,张晓丽,安瑞卿,等.空降兵新兵跳伞心理应激水平与心率变异性的相关性分析[J].西南国防医药,2011,21(2):117-119.
[41]陈玲丽,陈瑞芬.美军心理素质研究现状及对我军启示[J].军事体育学报,2017,36(2):71-73.
[42]陈晓华.非战争军事行动中军人群体心理应激及心理防护策略[J].社会心理科学,2009(2):136-138/95.
[43]戴应红,刘大丰.提升跳伞员心理素质的几点对策[J].空降兵,2015(2):41.
[44]戴振锋,谭兴,左丽鄂.航空救生人员跳伞训练心理应激反应及防治措施[J].海军航空兵,2015(3):27-28.
[45]丁芳盛.海员心理健康预警体系的构建[J].航海教育研究,2011(1):66-68/85.
[46]董新东.提高跳伞员心理素质的几点思考[J].军事基础教育,2013(4):12-13.
[47]冯正直,戴琴.中国军人心理健康状况的元分析[J].心理学报,2008,40(3):358-367.
[48]高玉宏,沈艳萍,张武生.空降兵学员跳伞心理训练探析[J].空军指挥学院学报,2015(4):23-26.
[49]高玉宏,张武生,沈艳萍.跳伞不良心理风险评估与管理对策[J].空军军事学术,2014(4):123.
[50]高玉宏,张武生,沈艳萍.跳伞员特殊情况心理状态及行为反应[J].空军军事学术,2013(6):72-73.
[51]贺岭峰.战斗力生成视域中的战时心理防护机制的研究进展[J].第三军医大学学报,2016,38(1):8-15.

[52]姬鸣,杨仕云,赵小军,等.风险容忍对飞行员驾驶安全行为的影响:风险知觉和危险态度的作用[J].心理学报,2011,43(11):1308-1319.
[53]孔庆娴.构建公安民警心理危机预警机制的几点思考[J].公安教育,2012(7):10-14.
[54]李德芳.抗震救灾的三层次心理援助模式研究[J].西南交通大学学报(社会科学版),2009,10(1):70-73.
[55]李光祥.扎实做好心理预防工作 筑牢官兵心理安全防线[J].基层政治工作研究,2016(5):58-59.
[56]李敏,马永富.加大非战争军事行动中官兵心理危机干预力度[J].军队政工理论研究,2008,9(4):95-96.
[57]李敏,汪涛,李彦章,等.跳伞应激对伞兵心理情绪的影响[J].中国临床康复,2005,9(40):36-37.
[58]李强,张立新,陈娟,等.综合心理干预对空降兵新兵跳伞应激水平的影响[J].中国实用神经疾病杂志,2013,16(13):11-13.
[59]李强,张立新,陈娟,等.综合心理行为干预对急进高原外训空降兵心身的影响[J].解放军预防医学杂志,2016,34(1):59-60.
[60]李爽.美军心理干预工作及其启示[J].国防科技,2009,30(1):78-83.
[61]李一唯,郭文汇,刘丽娟.B/S模式下心理预警系统的实现[J].电脑知识与技术,2011,25(7):6103-6105.
[62]梁斌,汪声达.飞行人员飞行中无意违规心理分析和预防[J].军事飞行教育,2011(4):43-44.
[63]梁洪勇,兰彩扬,陈兆斌,等.空降兵寒区驻训中训练伤发生的原因及预防[J].航空军医,2013,41(3):115-116.
[64]凌文辁,王嘉庆.CPM领导行为模式对员工反生产行为的影响:领导信任的中介作用[J].现代管理科学,2014(12):30-32.
[65]刘冰,董小玉.基于大数据技术的学生心理危机预警机制构建研究[J].大众科技,2017,19(4):122-124.
[66]刘焱.青年官兵心理危机预警机制的构建[J].西南军医,2011,13(4):648-650.
[67]逯记选.美军非战争军事行动中的心理防护[J].军队政工理论研究,2008,9(6):116-118.
[68]罗显荣,杨璇,王真真,等.基层部队官兵心理危机干预体系的构建研究

[J]. 华南国防医学杂志,2012,26(3):244-246.
[69]麻彦坤. 心理学研究中的质化运动[J]. 华东师范大学学报(教育科学版),2015,33(2):65-69.
[70]牛京育,周新,黄子明,等. 空降兵新兵伞训心理应激水平与适应的研究[J]. 中国民康医学,2006,18(9):729-732.
[71]曲华锋. 职业压力与心理风险的经济损失分析[J]. 现代职业安全,2015(2):98-101.
[72]施旺红,常耀明,皇甫恩. 跳伞训练不同阶段应激反应表现特点的研究[J]. 中国行为医学科学,2002,11(5):576-577.
[73]石岩,吴慧攀. 运动员参赛心理风险的理论建构[J]. 体育与科学,2009,30(1):57-63.
[74]时勘. 危机突发事件的社会心理预警研究[J]. 北京社会科学,2003(4):51-59.
[75]孙伟,王伯运. 应对跳伞员心理障碍对策研究[J]. 空军院校教育,2015,27(4):39-40.
[76]汪振喜,陆井,邓定安,等. 加强空降兵心理素质训练的思考[J]. 航空军医,2010,38(4):168-169.
[77]王二平. 基于公众态度调查的社会预警系统[J]. 中国科学院院刊,2006,21(2):125-131.
[78]王锋. 危险源辨识和风险评价在体系运行中的应用与实践[J]. 科学技术创新,2015(15):278-279.
[79]王芙蓉,陈林. 美国陆军心理韧性培育:军人全面健康计划研究综述[J]. 中国临床心理学杂志,2014,22(3):568-570.
[80]王蕾,欧阳维真. 117 例空降兵跳伞复训中的常见心理问题和干预[J]. 西南军医,2017(1):96-98.
[81]王平. 心理灵活性:心理健康的保护性要素[J]. 苏州大学学报(教育科学版),2015,3(2):57-64.
[82]王晓婧,张绍杰. 基于印象管理理论分析的面子呈现策略[J]. 东北师大学报(哲学社会科学版),2015(2):109-113.
[83]魏良云,周军,袁继红,等. 核心自我评价与空降兵心理应激关系的实证研究[J]. 中国医药科学,2016(2):118-120.
[84]文东,代国梁. 加强空降兵心理训练的几点思考[J]. 空降兵,2013

(2):24.

[85]武小梅,高宏生,刘伟立,等.军事群体心理应激机制研究[J].中华行为医学与脑科学杂志,2009,18(8):747-749.

[86]谢圣东,帅伟伟,曹昌新.升空跳伞训练中学员心理素质训练[J].空军院校教育,2014,26(1):37-38.

[87]谢晓非,徐联仓.风险认知研究概况及理论框架[J].心理学动态,1995,3(2):17-22.

[88]许闯.空降兵跳伞中的心理激励访谈与思考[J].政工学刊,2018(4):66-67.

[89]许闯.网络心理咨询五步法[J].政工导刊,2017(7):40-41.

[90]许闯.增强军人职业荣誉感的路径分析[J].军队政工理论研究,2016,17(3):32-35.

[91]叶浩生.量化研究与质化研究:对立及其超越[J].自然辩证法研究,2008(9):7-11.

[92]叶宇新,李文成.空降兵心理品质培养浅议[J].空军军事学术,2009(1):116.

[93]袁源,罗章华.加大开展跳伞人员心理训练力度[J].空军空降兵学院学报,2014,31(3):4-5.

[94]余存良.空降兵部队高原实兵演习期间开展心理卫生服务的体会[J].空军医学杂志,2011,27(4):242/238.

[95]张烽.警察心理危机及其预警指标体系构建研究[J].湖北警官学院学报,2010(1):106-108.

[96]张建杰,常耀明,吴晓松.战时心理卫生卫勤保障方案构建研究[J].第四军医大学学报,2004,25(22):2112.

[97]张茜.对三校大学生的安全心理考察[J].科教文汇,2006(11):23-24.

[98]张永雪.空降兵跳伞训练的心理干预[J].航空军医,2015,43(2):67-68.

[99]张月娟,胡海波,张刚,等.地震救援官兵创伤后成长状况及相关因素[J].中国临床心理学杂志,2015,23(3):517-520.

[100]赵欢春."总体国家安全"框架下的意识形态安全风险预警探究[J].马克思主义研究,2015(11):92-100.

[101]周军,明平静,程才,等.某空降部队官兵四川抗震期间抑郁情况分析

[J]. 解放军预防医学杂志,2009,27(4):280-281.
[102]周军,袁继红,魏良云. 空降兵心理应激与气质和行为类型的关系[J]. 华南国防医学杂志,2012,26(6):576-579.
[103]朱云武. 战时官兵心理防护能力风险评估探析[J]. 海军士官,2014(3):23-24.
[104]左丽鄂,张玉梅,李贺娟. 跳伞的心理反应与训练对策[J]. 海军航空兵,2012(4):46-47.
[105]马广水. 基于系统动力学大学生心理安全预警技术研究[D]. 武汉理工大学,2012.
[106]贺岭峰. 对幸福的心理学质化研究[D]. 长春:吉林大学,1999.
[107]刘胜军. 跳伞训练对跳伞员心理健康的影响及其危险因素研究[D]. 广州:第一军医大学,2004.
[108]苏铭鑫. 消防部队新兵心理韧性发展历程叙事研究[D]. 上海:南京政治学院,2017.
[109]孙克鹏. 基于层次分析法的军队作战心理风险评估研究[D]. 西安电子科技大学,2014.
[110]孙乾. 空降兵空降训练损伤与知识、态度与信念及行为(KABP)研究[D]. 扬州大学,2006.
[111]王定福. 大学生心理危机预警系统建构研究[D]. 武汉:华中师范大学,2011.
[112]杨军. 空降兵部队恐高反应新兵心理行为特征的研究[D]. 西安:第四军医大学,2012.
[113]曾永泉. 转型期中国社会风险预警指标体系研究[D]. 武汉:华中师范大学,2011.
[114]李强. 建立心理档案的几点思考[G]// 王金丽,唐国东. 军事心理学研究与实践. 上海交通大学出版社,2016:62-65.
[115]魏智威. 运用心理干预化解心理危机[N]. 解放军报,2010-04-27.

后 记

三年时光在花开花落间溜走了,没有留下脚印。

人生何来漫长?只是旅途中串着一个个相逢与离别的故事。

相逢是一种缘,让人心存感恩;离别是一种情,让人刻骨铭心。

我和我的老师贺岭峰教授相逢于3年前一个天气晴好的午后,面试教室成为我第一次见到老师的地方,刚毅而冷峻是我对老师的第一印象。然而,随着跟老师深入地学习交流,老师更多是随和而温暖的。或许,这就是关于老师的矛盾论吧——其一,外表与内心的矛盾,外在威严,内在温和,因为反差,才显得更美;其二,工作与家庭的矛盾,工作努力,生活惬意,因为剥离,才能各得其乐;其三,学野与视野的矛盾,学野专注挖得深井,视野开阔高屋建瓴,因为协调,方能出"心"意。记得老师跟师母王金丽教授第一次同台做学术交流是在复旦,就是那次两位老师的一张合影旁有人写了一句话很美:你仰望着幸福,我幸福地仰望着你。那是他们爱情故事的一个注脚。老师,谢谢您,感恩您学术研究的熏陶,感恩您生活智慧的感染。师恩永难忘!

在博士课堂上,相逢了孙力教授、吴东莞教授、陈岸然教授、项飞教授、王杰教授、张煜教授、马建光教授、蒋杰教授、李川云教授、高民政教授、时刚教授、王晶雄教授、曹雷教授、李秋发教授、朱纯辉教授、任伟民教授、顾伟教授、张雪梅教授、石志超副教授、李丛禾副教授、黄再胜副教授、付畅一副教授、孙柳副教授、张芳副教授。感恩师情!

与博士同学一起学习的经历欢乐又短暂,博士同学有:李烁、赵野、周宗顺、席希、蒋博大、龙秋帆、金桥、王强、娄国哲、王莺、邱影悦。与我相逢在贺门这个大家庭的同学有:博士后李林,博士公举东、周雅玲、苏铭鑫、殷杰、夏赛飞、陈春超,硕士许海潇、陈杰、施畅、陈旭、谢真龙、汪洁滢、吴溦、吕康响、刘虎、尚丹、高梦雅。感恩学友情!

我的博士论文是一项质化研究,第一次接触质化是在读硕士研究生的时候,我的导师李宏翰教授专门给我们讲授过质化研究的课程,谁曾想在博士学习期间开始了这样的研究,或许是冥冥之中自有天意吧。在论文完成中需要大量的访谈资料,不管是把录音整理成文字还是对文字的阅读分析需要耗费大量的精力,没有一定毅力恐怕是难以完成的,这期间幸得很多同学的帮助：博士陈勋、孙冠楠、张明聪，硕士刘茂平、李永强、欧永波、王迥、唐毅、曾映青、孟鑫、邢金融、李洋、宋宁波、王俊、葛元杰、林伟伟、李致韵、刘昕……加之给予我论文完成和学业帮助的人，未能一一述及，在此一并表示感谢！在论文初稿完成后，高玉宏副教授给了很多中肯的修改意见，很多朋友帮助进行了校对，对他们也道一声“谢谢”！

本研究获得了 2016 年度全军军事类研究生课题资助，在此深表谢忱！特别感谢对本书出版做了大量细致工作的郑州大学出版社编辑们！

相逢总是美好而短暂的。

离别之情却是惆怅而绵长的。

犹记得我求学出发时，妻子洁与儿子凡铮挥手惜别的身影，在一次次假期重逢中都恍惚我并没有离开，儿子的不断长大却把我从白日梦中唤醒。妻子和儿子在离别中学会了坚强，而我每每想起儿子在我离开时哭不能言，并写下“我明天早上就见不到爸爸啦！”的场景，不禁泪目，在离别中我的心变得柔软。或许，这就是相逢与离别所带给我们内心的成长。谢谢父母、岳父母和妻儿的辛苦付出。在我困顿、迷茫的时候，你们是我最大的支撑力量，让我始终保有不为困难折服的信念和勇气。感恩亲情！

聚散的故事一直在延续，牵连着不变的是人之动情。

伫立窗前，云卷云舒，我的心绪被扰动着。

许闯于上海五角场

2018 年 4 月 28 日初稿

2020 年 11 月 11 日定稿